플라스틱 수프

플라스틱 수프

PLASTIC SOUP

해양 오염의 현 주소

미힐 로스캄 아빙 · 김연옥 옮김

양철북

← 페트병으로 벽을
쌓아 새로운 쓰임새
를 만들었다. 페트병
이 값싼 건축자재로
쓰이게 되어 이제는
버려지지 않는다.

플라스틱 수프가
더 이상 식탁에 오르지 않는 세상에서
살 수 있으리라는 희망과 믿음으로
세상의 모든 어린이에게 이 책을 바칩니다.

차례

플라스틱 세상 지도 밖에서

들어가며

플라스틱은 우리 일상에 속속들이 스며들어 있다. 석유화학물질로 만든 합성 소재, 플라스틱. 플라스틱은 형태와 크기도 다양하고 재질도 얇고 부드러운 것부터 돌처럼 딱딱하고 두꺼운 것까지 여러 가지다. 특별한 성질과 아주 싼 생산 가격 덕분에 플라스틱은 지난 70년 동안 엄청나게 흔해졌다.

우리는 날마다 플라스틱의 특별한 장점을 톡톡히 누리고 산다. 하지만 플라스틱의 장점은 생태계에 재앙이 되고 말았다. 플라스틱은 물에 녹지 않고 썩지도 않는다. 자연에 버려진 플라스틱은 어떤 형태로든 아직도 그대로 남아 있다. 주변에 버려진 플라스틱은 작은 조각으로 부서진다. 부서진 조각은 대부분 너무 작아 맨눈으로는 거의 볼 수 없고 먹이사슬에 쉽게 침투할 수 있는 미세플라스틱이 된다.

유엔환경계획United Nations Environment Program(UNEP)은 플라스틱 쓰레기와 미세플라스틱을 지구가 당면한 가장 큰 환경 문제 중 하나로 본다. 플라스틱 문제를 부르는 이름도 있다. '플라스틱 수프'다.

바다는 지구 표면의 71퍼센트를 차지한다. 아직도 멀리 어딘가에 둥둥 떠다니는 플라스틱 섬이 있다는 오해가 있지만, 바다를 항해하는 몇몇 사람만이 가끔 떠다니는 플라스틱을 볼 수 있을 뿐이다. 하지만 수면에 떠다니거나 해수 기둥 근처를 맴돌거나 해저에 가라앉은 플라스틱을 조사해보면 플라스틱 수프 문제의 심각성을 이해하게 된다. 플라스틱은 해수면에서 쉽게 볼 수 있다. 해안에 파도가 칠 때마다 플라스틱이 조금씩 쓸려오기 때문에 지구상의 모든 해안을 계속 청소해야 한다. 그러나 작은 플라스틱 조각은 눈에 띄지 않아 걷어낼 수 없다.

플라스틱 수프는 어디에나 있다. 오늘날 플라스틱이 없는 곳은 지구 어디에도 없다. 플라스틱 조각은 바다뿐만 아니라 강과 운하에도 있다. 물속에도 땅 위에도, 심지어 공기 중에도 있다. 주변 환경에 쌓이고 조각조각 부서지고 있는 플라스틱은 이제는 단점이 장점을 집어삼키고 있다. 1000종이 넘는 동물이 어떤 형태로든 플라스틱에 영향을 받는다. 동물들은 플라스틱을 삼키고, 플라스틱 때문에 다치거나 질식한다. 모든 플라스틱 쓰레기는 인간에게도 해가 된다. 불편한 진실이지만 플라스틱 수프로 인해 인간도 병들고 있다. 플라스틱이 건강에 해롭다는 증거는 쌓여가고 있다.

인간의 평균 수명보다 짧은 시간 안에 플라스틱 수프는 식단의 주요 메뉴가 됐다. 빠르게 늘고 있는 전 세계 인류는 기적적인 물질인 플라스틱을 어떻게 다루어야 하는지 모른다. 지구가 그 어느 때보다 빨리 오염되고 있으니 인류는 함께 문제를 풀어야 한다. 그렇지 않으면 미래 세대가 수백 년 동안 짐을 짊어지게 된다.

이 책의 전반부에서는 플라스틱 수프의 원인을 살펴보고 후반부에서는 플라스틱 수프를 지구상의 지도에서 지워버릴 수 있는 창의적인 발상들을 알아본다.

아틀라스는 고대 그리스 신화에 나오는 거인 신족인 타이탄이었다. 우두머리 신 제우스에 반역한 죄로 아틀라스는 하늘을 어깨에 떠받치고 있어야 하는 벌을 받았다. 후에 사람들은 지도책을 아틀라스라고 불렀다. 이 책의 원제목인 《Plastic Soup: An Atlas of Ocean Pollution》에는 세계의 플라스틱 수프 문제와 해결 방안을 바라보는 입장이 담겨 있다. 전반적인 메시지는 분명하다. 플라스틱 수프와 씨름하는 것은 타이탄이 견디고 있는 형벌과도 같다.

9

← 만타 트롤 [만타 가오리 모양의 해양 생물 채집 그물—옮긴이]로 메릴랜드 로드강에서 수집한 미세플라스틱. 2015년, 메릴랜드 대학교, 랜스 용코스 박사 연구실에서 촬영.

플라

스틱 세상 지도

1

플라스틱
판타스틱

사진가 그렉 시걸은 평범한 미국인이 신문, 캔, 플라스틱 더미 안에 누워 있는 모습을 찍었다. 그것은 그들이 일주일 동안 사용하고 내놓은 쓰레기다. 2014년부터 계속된 시걸의 작품들은 도발적이다. 누구라도 사진에 나온 사람들만큼 쓰레기를 만들고 그 안에 누울 수 있기 때문이다. 최근 몇십 년간 우리의 쓰레기는 양과 내용만 달라졌을 뿐 하나도 변하지 않았다. 그 이유가 있다. 바로 플라스틱 때문이다.

일회용 플라스틱

멈출 수 없는 플라스틱의 번영은 100년 전에 시작되었다. 플라스틱 쓰레기는 제2차 세계대전 이후 빠르게 형성된, 물건을 잠깐 쓰고 버리는 현대 사회를 보여주는 거울이다. 기존의 물건은 점점 더 많이 플라스틱으로 대체되었다. 유리나 도자기보다 가볍고 단단한 폴리에틸렌이 가정에 소개됐고 '폴리신'이라는 이름으로 알려졌다. 함석 욕조와 대야는 현대적인 모양과 경쾌한 색상의 가벼운 플라스틱 욕조와 세면대로 바뀌었다. 나일론 스타킹과 플라스틱 장난감은 폭발적인 인기를 얻었다. 플라스틱 비닐봉지는 1960년대 말에 만들어졌다["우리나라에서는 플라스틱 필름류를 비닐이라고 한다. 외국에서는 플라스틱 백으로 부른다." 강신호, 《이러다 지구에 플라스틱만 남겠어》, 북센스, 2019, 19쪽 참고―옮긴이].

우리 주변에는 플라스틱으로 만든 접시, 텀블러, 수저, 병, 마가린 통이 가득하다. 역사상 이렇게 많은 물건을 말도 안 되는 싼 가격으로 살 수 있었던 적이 없다. 가격이 싸기 때문에 플라스틱 물건은 한 번 쓰거나 금방 부러져도 문제 되지 않는다.

가볍고 모양을 쉽게 만들 수 있고, 강하고 물에 젖지 않는 플라스틱의 특성은 가히 혁명적이다. 플라스틱은 다른 물질에 거의 반응하지 않기 때문에 쓰임새가 무궁무진하다. 플라스틱으로 포장하면 음식을 훨씬 오래 보관할 수 있고 운송 중에 제품이 파손되지 않는다. 플라스틱으로 만든 제품만 늘어난 게 아니라 제품을 몇 겹씩 감싸면서 플라스틱 포장재도 늘어났다. 미국에서는 한 시간마다 250만 개의 플라스틱 병이 버려진다. 평범한 미국 사람이라면 매년 85킬로그램의 플라스틱 쓰레기를 배출한다. 평균적으로 플라스틱 비닐봉지는 딱 12분 정도 사용된다.

원자재로는 원유보다 셰일 가스가 싸기 때문에 미국의 플라스틱 사용량이 급증할 것으로 예상된다. 셰일 가스에는 엄청난 양의 에탄이 들어 있다. 에탄은 석유분류소에서 폴리에틸렌의 원료인 에틸렌으로 변환된다. 미국의 화학공업은 플라스틱 생산 가격을 낮추기 위해 수십억 달러를 새로운 정유 분류 공장에 투자한다. 플라스틱 산업은 지속적으로 새로운 기술을 찾고 있고, 신기술이 점점 더 많이 개발되고 있다.

14

→ 세계의 플라스틱 생산이 지금처럼 계속 증가한다면 2050년에는 340억 톤을 생산하게 된다.

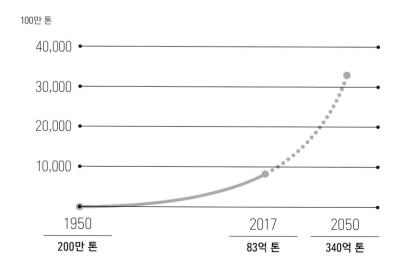

100만 톤

| 40,000 |
| 30,000 |
| 20,000 |
| 10,000 |

1950 · 2017 · 2050
200만 톤 · **83억 톤** · **340억 톤**

→ 일주일 동안 우리가 내놓는 쓰레기는 얼마나 될까? 사진가 그렉 시걸이 '7일간의 쓰레기'라는 작품으로 괴로운 진실을 보여준다.

환경과 음식에
유용한 플라스틱?

언뜻 보면 다른 소재와 비교할 때 플라스틱이 환경에 도움이 되는 것 같다. 1킬로그램의 플라스틱은 1킬로그램의 종이를 만들 때보다 온실가스를 덜 배출하고, 물과 에너지 소모가 적다. 종이는 무거운 소재이기 때문에 운송 에너지도 더 많이 든다. 그렇다고 해서 플라스틱 비닐봉지가 종이봉지보다 환경에 더 좋을까? 소재마다 환경에 미치는 영향은 다르다. 소재를 비교할 때는 소재의 생애 주기 단계마다 모든 환경적 요인을 세심하게 살펴야 한다. 모든 사항을 고려해야만 어떤 소재가 해가 적은지 판단할 수 있다.

↑ 슈퍼마켓에서 플라스틱 비닐을 쓰면 식품폐기물이 줄어든다. 요즘은 고추나 오이도 비닐 봉지로 포장한다.

에너지와 물의 소비량은 측정하기 쉽지만, 플라스틱 쓰레기가 환경에 미치는 영향을 수량화하기는 어렵다. 플라스틱이 환경친화적이라고 말할 때 플라스틱 수프라는 요인은 항상 제외된다. 종이는 자연적으로 분해되지만, 자연에 버려진 플라스틱은 썩지 않고 계속 영향을 미친다.

슈퍼마켓에는 낱개로 포장한 과일과 채소가 잔뜩 쌓여 있다. 플라스틱 비닐로 포장하면 채소가 마르지 않기 때문이다. 고추, 오이, 당근 같은 식품을 플라스틱으로 포장하면 보존기간이 길어지고 운송 중에도 물건이 상하지 않는다. 유통기한이 늘어나면 채소를 더 먼 곳으로 운송할 수 있다. 겨울처럼 지역 농산물을 구하기 어려울 때 이 점은 아주 중요하다.

플라스틱 포장재를 만들 때 에너지가 사용된다. 즉 온실가스 배출이 늘어난다. 하지만 플라스틱 포장으로 제품의 유통기한이 늘어나지 않으면 많은 식품이 썩을

것이다. 그렇게 되면 식품을 더 많이 재배해야 하고, 포장재를 만드는 것보다 에너지를 더 많이 소모하게 된다. 결과적으로 바나나, 오렌지같이 자연적인 껍질이나 두꺼운 외피를 가진 과일까지 포함해 개별 포장하는 농산물이 세계적으로 점점 늘어났다. 유기농 채소와 과일도 개별 포장하는 일이 흔하다. 그렇게 해서 소비자의 쓰레기통에는 포장 더미가 수북하게 쌓인다.

플라스틱 포장재가 자연에 버려질 위험은 그렇게 크지 않다. 포장재는 아무렇게나 버려질 가능성보다 버려지는 양이 많다는 것이 더 문제다. 세계적으로 자연에 버려진 채소와 과일의 플라스틱 포장재 비율이 아주 적다 해도, 수억만 개의 플라스틱 비닐 랩과 플라스틱 포장재 조각이 버려진다. 이제는 전보다 많은 슈퍼마켓에서 개별 포장을 하지 않기로 했고 벌써 포장재 사용을 완전히 중단한 곳도 있다.

'플라스틱'은 펴서 늘려 틀에 넣어 형태를 만들 수 있다는 뜻의 단어다. 단어 자체의 뜻처럼 열을 가하면 늘릴 수 있어 틀에 넣어 모양을 만든 다음 식히면 된다. 열을 식히고 나면 플라스틱은 단단하고 물에 젖지 않고 질기며 부서지지 않고 열을 차단한다. 그래서 플라스틱은 기존에 사용하던 소재의 이상적인 대체 물질이다. 금속, 종이, 도자기, 면, 뼈, 가죽, 나무로 만들던 물건을 이제는 플라스틱으로 쉽게 만든다. 고작 몇십 년 만에 플라스틱은 다른 수많은 소재를 대신하게 되었다.

→ 플라스틱 식물은 물을 주지 않아도 몇 년이고 싱싱해 보인다. 플라스틱 제품은 때때로 진짜와 구별하기 어렵다.

그 무엇보다 뛰어난 소재

플라스틱은 열가소성 플라스틱과 열경화성 플라스틱 두 종류로 나눌 수 있다. 이중에 열가소성 플라스틱은 특징이 하나 더 있는데, 재사용이 가능하다는 점이다. 열경화성 플라스틱은 열을 가한 다음에는 딱딱해지고 성질이 변하지 않는다. 예를 들면 전기 콘센트, 요트, 서핑보드, 항공기 등이 그러하다. 이런 물건은 다시 녹일 수 없다. 20세기 초반에 발명된 플라스틱의 시초 물질인 베이클라이트는 열경화성이다. 반면에 열가소성 플라스틱은 열을 가하면 부드러워져서 몇 번이고 녹여 다시 모양을 만들 수 있다. 의류, 폴리스티렌, 배관, 비닐 막, 텀블러에서 병과 창틀까지 사용 방법이 무궁무진해서 다 열거하기 어려울 정도다. 열가소성 플라스틱은 녹기 때문에 많은 물건을 재활용할 수 있다.

기존의 소재 대신 쓰고 있지만 플라스틱은 사람들이 갖고 싶어 할 정도의 소재는 아니다. 플라스틱은 원래 물건을 워낙 그럴듯하게 모방해서 어떤 땐 구별하는 것이 거의 불가능하기도 하다. 저것이 진짜 가죽 소파나 울 스웨터, 유리병일까? 바닥에 있는 풀이 진짜 잔디일까?

나무 바닥이나 창 옆의 식물이 진짜일까 아니면 모든 게 플라스틱으로 만든 것일까 궁금해진다.

플라스틱은 끊임없이 기존 물건들의 자리를 대신 차지했다. 함석 소쿠리는 50년 전에 색색깔의 플라스틱 소쿠리로 바뀌었고, 그리 머지않은 시일 내에 자동차와 비행기에 쓰이는 철은 가볍고 질긴 합성물질로 대체될 것이다. 이제 아무도 그런 획기적인 기술에 놀라지 않는다. 플라스틱 산업계는 생산 과정에서 화학물질을 첨가하고 중합체의 분자 구조를 변경하면서 계속해서 플라스틱의 새로운 사용 방법을 개발하고 성능을 향상시키는 일에 관심을 기울여왔다. 개발비는 많이 들고 새로운 형태의 플라스틱 특허는 계속 나온다.

특허를 받은 수천 종의 플라스틱 브랜드는 종류마다 약간씩 다르다. 새로운 플라스틱은 새로운 특성을 목표로 개발되고, 개발된 소재가 재활용되면 유용할지는 고려하지 않는다. 기존의 소재보다 여러 면에서 성능이 나아진 플라스틱의 이면에는 재활용 소재로는 가치가 떨어질 수도 있다는 점이 감춰져 있다.

기적의
대량생산 소재

역사상 물건이 이렇게 많고 싼 적이 없었다.
대량생산된 물건은 거의 다 플라스틱으로
만들었다. 소비자들은 얼마 못 쓰거나
필요하지도 않은 물건에 치일 지경이다.
플라스틱은 대량생산에 딱 맞는 기적의
소재로, 산업계의 빛나는 별이다.

나라마다 믿을 수 없을 정도로 싼 장식품이
가게에 가득하다. 이렇게 싼 물건을 덥석 집어
들지 않으면 손해를 본 기분이 들 정도다.
우리는 탐욕스럽게 가격에 지배받는, 쓰고
던져버리는 사회에서 살아가고 있다.

← 잠시 쓰고 말 싸구려 물건이 수없이 대량생산되면서 단시간 내에 엄청난 양의 플라스틱 쓰레기가 만들어진다.

노동력이 싸서 물건을 대량으로 만들 수 있는 나라에서는 물건을 대량으로 살 수 있다. 주문량이 클수록 단위 가격이 내려간다. 대부분의 체인점이 이익이 작아도 상관하지 않는다. 체인점은 한 상품의 이익만을 따지지 않고 싼 가격으로 물건을 대량으로 얼마나 많이 팔 수 있는지를 더 중요하게 생각한다. 이런 식으로 막대한 양의 물건이 계산대를 통과하면 얼마가 되었든 수익은 항상 생기기 마련이다.

플라스틱으로 만든 물건은 어느 시점에서 모두 쓰레기가 된다. 싸구려 물건은 평균 사용기간이 짧다. 오히려 몇 년씩 사용하는 플라스틱 물건이 예외의 경우다. 싼 플라스틱 물건 대부분 얼마 못 가 버리도록 교묘하게 디자인되어 있다. 물건을 만드는 생산업자들은 이런 방식으로 많은 양을 팔려고 한다.

유엔환경계획에 따르면 지구상 모든 플라스틱의 22~43퍼센트가 매립지에 묻힌다. 엄청난 원자재 낭비다. 플라스틱은 쉽게 바람에 날아가거나 물에 쓸려가 결국

↓ 플라스틱이 분해되는 시간을 측정하기는 어렵다. 바다의 플라스틱은 썩지 않고 극히 작은 입자로 부서진다.

바다로 들어간다. 수거차로 쓰레기를 바다에 버리는 행위도 플라스틱 수프의 주요 원인 중 하나다. 소비자들은 싼 물건으로 이득을 본다고 생각하지만 그런 구매 행동은 환경에 해를 끼친다.

플라스틱 폐기물을 소각해서 전기를 발전하는 식의 쓰레기 처리 첨단 시스템이 필요하다. 현재는 쓰레기를 싣고 가 어딘가에 쏟아버리는 것이 재활용하는 것보다 쉽고 싸다. 재활용 기반시설이 있는 나라에서조차 환경 규제가 느슨한 나라에 플라스틱 쓰레기를 수출하는 방법이 괜찮은 대안이라고 생각한다. 최근까지 중국은 상당한 양의 플라스틱 쓰레기를 전 세계에서 수입했다. 그것을 에너지를 생산하거나 새로운 플라스틱을 생산하는 데 원자재로 사용했다. 중국이 수입한 플라스틱 일부는 중국에서 생산된 것이기도 했다. 중국에서 수입을 중단하자 다른 나라로 플라스틱 쓰레기를 수출하기 시작했다.

엄청난 양의 플라스틱이 지구를 돌고 돈다.

19

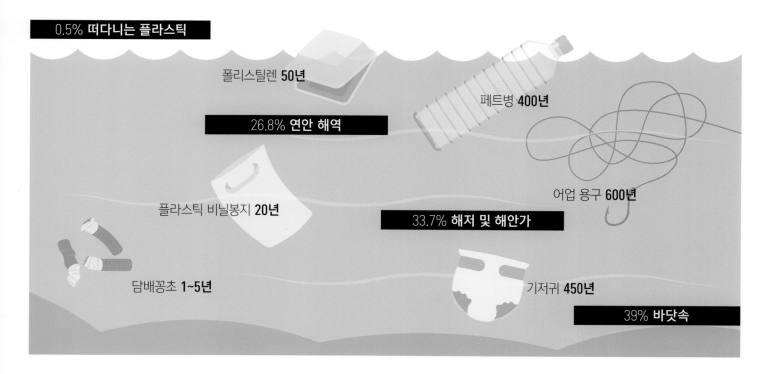

0.5% 떠다니는 플라스틱

폴리스틸렌 **50년**

페트병 **400년**

26.8% 연안 해역

플라스틱 비닐봉지 **20년**

어업 용구 **600년**

33.7% 해저 및 해안가

담배꽁초 **1~5년**

기저귀 **450년**

39% 바닷속

1980년대부터 현재까지 세계의 플라스틱 생산량은 여섯 배 증가했다. 주된 원인은 엄청난 양의 플라스틱이 잠깐 쓰이고 마는 데 있다. 특히 플라스틱은 소비 상품의 포장재로 쓰인다. 플라스틱 포장재는 전 세계 플라스틱 생산량의 40퍼센트 정도를 차지한다.

현재 플라스틱 포장재를 덜 쓰는 게 아니라 오히려 더 많이 사용하는 추세에 있다. 게다가 포장 단위가 갈수록 작아지고 있다. 널리 알려진 대로 일회용품은 플라스틱 수프 문제에서 비중이 너무 크다.

범람하는 일회용품

→ 자연에 버려지는 플라스틱 대부분은 페트병 같은 일회용품이다. 버려진 페트병은 수백 년 동안 그대로 남아 있다.

가난한 나라의 가게에는 가지각색의 주머니나 작은 봉지가 줄줄이 걸려 있다. 그것들은 세탁 세제나 샴푸, 국수 같은 물건을 소량만 담아 파는 상품들이다. 소비자는 한 번에 한두 개 정도 작은 봉지를 산다. 가난해서 큰 용량을 살 수 없는 소비자에게 소포장은 재치 있는 해결 방법이다.

소포장은 일회용품과 플라스틱 수프의 관계를 분명하게 보여준다. 작은 봉지는 쓰고 나면 버려지는 경우가 많고 하수도와 강에 쉽게 떠내려간다. 담는 물건 양이 적기 때문에 봉지 개수도 대단히 많다. 쓰레기 더미에서 건져내 팔 수 있는 페트병과 달리 이것들은 재활용 가치가 없다. 그래서 쓰레기를 줍는 사람은 포장지를 눈여겨보지 않는다. 소포장은 여러 겹의 플라스틱 포일(박)로 되어 있어 기술적으로 재활용하기가 복잡하다. 게다가 소포장 물건이 팔리는 지역 특성상 쓰레기 수거시설을 제대로 갖추고 있는 곳은 거의 없다.

원칙적으로 플라스틱 포장은 사용하고 난 뒤에도 원재료로 쓸 수 있는 잔존 가치가 있다. 그러나 한 계산에 따르면 플라스틱의 경제적인 잔존 가치 95퍼센트가 그냥 사라진다. 그 비용이 매년 800억 달러에서 1200억 달러로 추정된다. 포장재로 새로운 상품을 만든다고 계산해보면 플라스틱 포장재 가치의 5퍼센트만 다시 사용된다.

플라스틱 포장재가 새로운 상품 생산에 다시 쓰이는 비율이 현격하게 낮은 주된 이유는 포장지 수거와 분리 비용이 많이 들기 때문이다. 오히려 석유에서 새로 플라스틱을 만드는 게 더 싼 경우가 많고 새로운 자재가 질도 훨씬 좋다. 세계 원유 가격이 낮을 때는 새 플라스틱이 아주 싸다. 원유 가격이 다시 오르기를 기다리는 동안 재활용 업체는 파산하거나 정부 보조금을 받아야만 한다. 포장재가 거리에 버려지거나 소각되고 어딘가에 그냥 매립되는 것은 놀랄 일도 아니다.

← 일부 화장품에는
미세플라스틱이
10퍼센트 들어 있다.
매일 쓰는 화장품
5밀리리터에는 10만
개의 미세플라스틱
입자가 들어 있다.

버리기 위한 디자인

플라스틱은 자연에 어울리지 않는다. 그
점은 누구나 인정한다. 그런데도 상당수의
물건이 쓰레기가 될 수밖에 없게 만들어진다.
생산업체에서 환경 문제를 결정 요인으로
고려하는 경우는 거의 없다. 생산업체는 주로
비용 절감, 주주의 이익, 규정이 허락하는
한도 내에서 할 수 있는 모든 일에만 중점을
둘 뿐이다. 생산업자는 소비자에게 책임을
떠넘기기 좋아한다. 소비자가 제대로
행동해서 환경에 해가 되지 않게 처리하라는
것이다. 플라스틱은 너무 싸고 사용처도
두루두루 많아 계속 생산될 터인데 플라스틱
처리 규정이 명확하지 않은 한 현재의 상태는
플라스틱 수프 문제로 직결될 수밖에 없다.

해안가에서 가장 흔하게 보이는 쓰레기는 짧은 플라스틱 막대기다. 플라스틱 막대기의 정체는 면봉이다. 사람들은 면봉을 쓰고 변기에 쉽게 흘려보낸다. 플라스틱 막대기는 폐수 처리 과정에서 철망에 걸러지지 않아 결국은 바다 수면에 떠다닌다. 2016년 9월, 영국 해안을 청소하는 과정에서 개수를 세어보았다. 평균적으로 수백 미터의 해변마다 24개가 있었다. 영국에서 플라스틱 면봉은 여섯 번째로 흔한 해안 쓰레기였다.

면봉 생산업자들은 플라스틱이 더 싸기 때문에 생분해성 종이나 두꺼운 판지로 막대기를 만들지 않는다. 플라스틱 면봉을 금지하는 법안도 없다. 플라스틱 면봉은 한 번만 쓸 것을 알면서도 만드는 대표적인 물건이다. 그러므로 플라스틱 면봉은 자연에 버려질 확률이 높다.

소비자에게 환경 오염의 책임이 있다고 보기 어려운 사례에는 개인위생 용품에 들어 있는 미세플라스틱이 있다. 화장품 병마다 수천수만 개의 아주 작은 플라스틱 입자, 즉 마이크로비즈가 들어 있다. 마이크로비즈는

폐수와 함께 배수관으로 흘러가고 일부는 바다에 들어간다. 마이크로비즈는 일부 청소용품과 세제에도 들어 있다.

생산업체는 외부에서 압력을 받고 자신들의 공적 이미지가 손상될 우려가 있을 때만 기존의 제품을 보완하려고 한다. ‘마이크로비즈를 없애자Beat the Microbead’는 세계적인 캠페인이 이런 결과를 끌어냈다. 대부분의 다국적기업이 이제는 자발적으로 플라스틱 연마 입자를 바꾸기 때문에 소비자는 마이크로비즈 문제가 해결됐다고 생각한다. 그러나 화장품에는 다른 기능을 하는 미세플라스틱이 들어 있다. 명확한 법규를 제정하고 규정이 있어야만 소비자들은 개인위생 용품에 미세플라스틱이 없다는 확신을 가질 수 있다.

규정이 확실하지 않으면 생산업자들은 판매 경쟁 때문에 가장 싼 소재인 플라스틱을 제품에 첨가하고, 소비자들은 아무것도 모르면서 환경을 오염시키게 된다.

↓ 시티투시City to Sea에서 실시한 ‘면봉의 플라스틱을 교체하라’는 캠페인에 따라 영국 소매업자들은 자사의 라벨을 붙인 종이 면봉을 만들기로 약속했다.

2

떠다니는
플라스틱

병에 담긴 메시지

→ 물보다 무거운 플라스틱은 바로 가라앉는다. 가벼운 플라스틱은 그대로 떠다닌다. 한동안 물속에 잠겨 있는 플라스틱도 있다.

환류라고 알려진 다섯 개의 커다란 대양 해류가 있다. 거대한 소용돌이 해류에는 쓰레기가 천천히 떠다니지만, 쓰레기는 반드시 대양의 중심으로 쏠려 들어간다. 플라스틱이 쌓여 실제로 섬을 이루고 있다는 괴담은 여전히 있지만, 의외로 환류의 중심에도 떠다니는 플라스틱은 많지 않다. 가끔 커다란 플라스틱 한두 개가 보일 뿐이다. 그러나 고운 그물로 물을 걸러보면 수많은 작은 플라스틱 조각이 보인다. 수면 아래, 물속에 떠다니거나 가라앉은 플라스틱을 본 사람은 아무도 없다.

물보다 무거운 플라스틱은 즉시 가라앉는다. 예를 들어 페트(PET, 폴리에틸렌 테레프탈레이트)는 음료수병을 만드는 재료다. 페트병이 물에 버려지면 바로 바닥까지 가라앉는다. 하지만 공기가 들어 있는 채로 뚜껑이 닫혀 있다면 페트병은 환류의 중심으로 쉽게 흘러 들어간다. 인간 거주지에서 믿기 힘들 정도로 먼 곳인 환류의 중심에서 떠다니는 플라스틱 병을 본다면 무언가 심각하게 잘못됐음을 깨달을 것이다. 찰스 무어 선장이 그와 비슷한 경험을 했다. 무어 선장은 1997년 하와이에서 캘리포니아로 항해하다 태평양 한가운데서 이따금 떠다니는 플라스틱 조각을 보았다. 충격을 받은 무어 선장은 문제를 조사하고 국제적인 안건으로 내놓자고 제안했다. 무어 선장은 물속이나 물 위에 떠다니는 플라스틱을 '플라스틱 수프'라고 불렀다.

물보다 가벼운 플라스틱은 그대로 떠다닌다. 시간이 지나면서 플라스틱은 점점 더 작은 조각으로 부서지고 거기에 바닷말이 달라붙어 무거워지면서 바닥으로 가라앉는다. 이런 이유로 해안에서 멀리 나갈수록 떠 있는 플라스틱을 보기 어렵다.

페트병은 가라앉지만, 병뚜껑은 가라앉지 않는다. 병뚜껑은 다른 플라스틱(HDPE)으로 만드는데, 물보다 가볍다. 그래서 해변에 플라스틱 병보다 뚜껑이 많이 보인다. 병은 해저 어딘가에 가라앉아 있을 것이다. 바닷물 속에 버려진 쓰레기가 모습을 드러내는 경우도 있다. 해류가 병을 쓸어 모아 해변으로 흘려보내면, 휩쓸려 온 병들은 영원히 그곳에 남아 있게 된다.

매년 세계적으로 수십억 개의 페트병이 사용된다. 병은 쓰고 나면 그냥 쓰레기다. 사람들은 병에 담긴 물을 많이 먹는데 특히 물을 구하기 어려운 곳이나 수질이 좋지 않은 곳에서 의존도가 높다. 물병의 라벨에는 병에 담긴 물이 자연적이고 산뜻하고 탄산이 들어 있다고 자랑스럽게 적어두었지만, 플라스틱 병이 그 자체로 쓰레기인 것을 생각하면 병에 적힌 메시지는 지극히 모순된다.

← 바다거북에게 가장 큰 위험 중 하나는 어망에 걸리는 것이다. 그물에 끌려다니면서 숨을 못 쉬고 죽는다.

↑ 바다로 들어오는 플라스틱을 막으려면 플라스틱 사용을 급격하게 줄이고 효율적인 쓰레기 방지와 관리 시스템을 꼭 마련해야 한다.

→ 5대 환류 중심에 쌓인 쓰레기. 떠다니는 커다란 플라스틱 섬이 있다는 괴담은 사라지지 않고 있다.

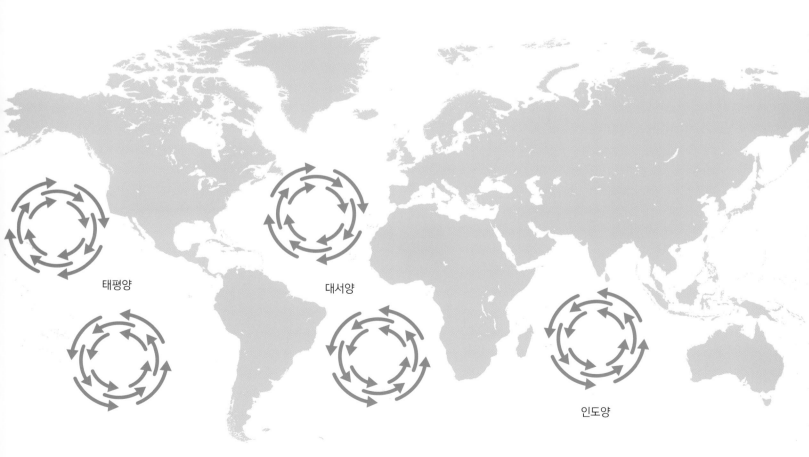

태평양

대서양

인도양

하얀 모래와 야자나무가 있는 태평양의 해변 유원지. 사람들은 낭만적인 해안의 풍경을 상상하면서 이런 모습을 떠올리지만, 이제는 어디에서도 볼 수 없다. 하얀 모래 해변에는 물에 쓸려 온 가지각색의 플라스틱이 어지럽게 뒤섞여 있다. 특히 청소하기 힘들거나 거의 치울 수 없는 멀리 떨어진 해안에는 덤프트럭이 밀물을 타고 와서 가정용 쓰레기를 쏟아놓은 것 같다. 플라스틱이 없는 해안은 이제 지구 어디에도 없으며 지역에 따라 내용물만 다를 뿐이다. 원칙적으로 큰 플라스틱 조각은 치울 수 있지만 작은 것은 치우기 어렵다. 아주 작은 플라스틱 조각은 모래와 구분되지 않는다. 플라스틱 수프는 다른 어느 곳보다 해변에서 확실하게 실감할 수 있다.

플라스틱 해변

하와이 군도 최남단 카밀로 해변은 토착 원주민에게 성스러운 곳이었다. 해류와 육지 쪽으로 강하게 부는 바람 탓에 엄청난 양의 플라스틱이 해변으로 밀려온다. 하와이가 태평양 한가운데 있는데도 말 그대로 파도가 밀려올 때마다 플라스틱이 쓸려온다. 해변에 남겨진 플라스틱은 여러 해 동안 대양 해류를 따라 흘러온 것일지 모른다. 태양 빛과 파도에 부대껴 대부분의 플라스틱은 작은 조각과 입자로 부서졌다. 카밀로 해변은 이제 플라스틱 해변이라고 불리고 있고 곳곳에 플라스틱이 수십 센티미터의 두꺼운 층으로 쌓여 있다.

카밀로 해변 쓰레기를 자세히 살펴보면 여러 사실을 알 수 있다. 무게로 따지면 대부분을 차지하는 쓰레기는 선박운송과 어업에서 발생한 그물, 밧줄, 부표, 생선 상자 등이다. 조각조각 부서진 것은 무엇에서 나온 쓰레기인지조차 알아볼 수 없다.

세계 곳곳에서 축하할 일이 있을 때 관습적으로 풍선을 날린다. 날아간 풍선과 플라스틱 리본은 결국 바다에 떨어진다. 또 해변에 버려진 플라스틱 병은 얼마나 많을까? 음료수 병에 보증금이 있느냐 없느냐에 따라 결과는 확실히 달라진다. 호주에서 보증금 제도가 없는 주의 해변에서는 자그마치 세 배나 많은 음료수 병이 발견된다.

해안 청소는 세계적으로 익숙한 봉사활동이 되었다. 해안에서 플라스틱을 치우는 것은 크게 도움이 되고 단체 활동으로서의 교육적 가치가 상당히 높다. 그런데 한 가지 큰 문제가 있다. 만약 해변에 플라스틱이 다시 순식간에 가득 쌓인다면, 과연 얼마나 오랫동안 봉사자들이 해변 청소를 반복하여 할 수 있을까? 청소는 필요한 일이지만, 플라스틱 수프 문제를 확실하게 해결할 효율적인 대책이 없다면 해변을 말끔히 치우는 일은 승산 없는 싸움이다.

→ 쓸려 오거나 버려진 플라스틱으로 오염된 해변은 모래가 거의 보이지 않는다.

2014년 베를린장벽 붕괴 기념일을 축하하기 위해 LED 전구를 넣은 전등 풍선 8000개를 날렸다. 풍선과 불빛은 예전의 장벽을 상징했다. 풍선은 천천히 시야에서 사라졌다. 날아간 풍선 대부분을 나중에 그 지역에서 찾았지만 풍선 하나는 동쪽으로 800킬로미터 떨어진 리가에서 발견됐다. 서구사회에서는 특히 생일, 결혼식, 혹은 개점 행사에서 풍선을 대량으로 날리는 일이 크게 유행하고 있다. 1996년 오하이오주 클리블랜드의 한 행사에서 풍선 150만 개를 공중으로 날렸는데, 지금까지 최고 기록이다.

풍선 날리기

↑ 날아가는 풍선은 아주 즐겁게 보이지 만 하늘로 올라가서 쓰레기로 내려온다.

헬륨 가스가 가득 찬 색색깔의 풍선이 하늘에서 춤추며 바람을 따라 멀리 날아가는 광경은 즐거운 구경거리다. 하지만 날아간 풍선 하나하나가 내려오면 대개는 쓰레기가 되고, 특히 플라스틱 수프가 된다. 대부분 바다에 떨어지기 때문이다. 나머지 풍선과 플라스틱 리본은 해변에서 흔히 보이는 쓰레기가 된다. 플라스틱 밸브와 마개도 사방에 나타난다.

라텍스 파티 풍선은 동물에게도 해롭다. 고무는 물에서 서서히 부서지고 동물이 먹을 위험이 있다. 네덜란드의 얀 안드리스 판프라네커르 교수는 북방 풀머갈매기 50마리 중 한 마리는 위에 풍선 조각이 있다는 사실을 알아냈다. 풍선 조각이 너무 커서 바닷새의 위장관을 막아버리는 경우도 있다. 그렇게 되면 새들은 분명 굶어 죽는다. 또 물속의 풍선은 거북이가 해파리로 착각하고 풍선 리본에는 새들의 발이 휘감길 위험이 있다.

쉽게 예방할 수 있는 오염을 막자는 반대가 많았지만, 독일에서는 침묵으로 일관하는 반응만 나왔다. 통일을 기억하는 일은 너무나 중요한 민족적이고 정서적인 행사였다. 다른 예를 더 살펴보자. 죽은 가족을 그리며 풍선을 날리는 것은 '놓아주는 것'을 상징한다. 또 감히 누가 날아간 풍선이 동물에게 심각한 고통을 줄 수 있다는 이유로 어린아이의 생일 파티에서 풍선 날리는 일을 반대할 수 있을까?

몇 개가 됐든 아니면 엄청나게 수가 많든 상관없이 풍선을 하늘로 날려보내는 습관은 아직도 대부분의 사람들에게겐 플라스틱 수프와 동물이 받을 고통이 추상적인 개념에 지나지 않는다는 점을 반증한다. 풍선이 시야에서 사라지면 사라진 풍선이 어떻게 될지 사람들은 신경 쓰지 않는다. 알지 못하는 동물이 당할 고통의 위험보다 당장의 흥겨움이 중요한 것이 흔한 현실이다.

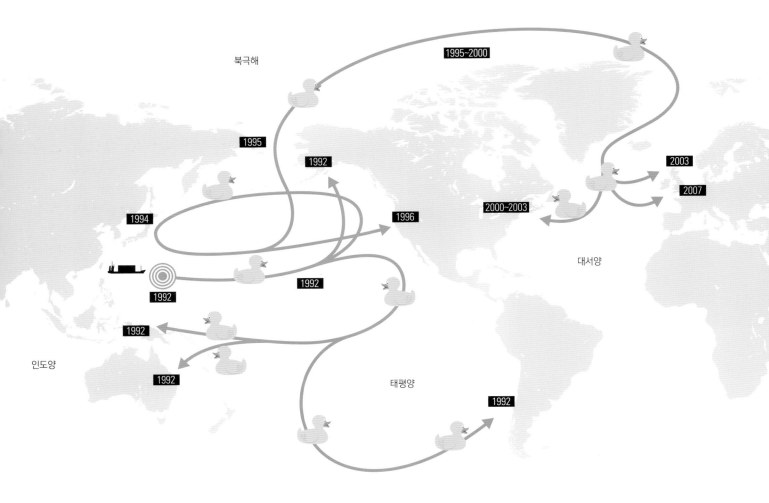

↑ 1992년 고무 오리가 가득한 컨테이너가 바다에 빠진 후, 고무 오리들은 수년간 일렁이는 물결에 떠다녔다.

← 네덜란드 예술가 플로렌테인 호프만이 플라스틱 오염을 상징하기 위해 세계적으로 친숙한 노란 목욕 장난감을 괴물처럼 크게 부풀렸다.

1992년 1월 10일, 태평양 가운데서 심한 폭풍에 화물선 컨테이너 하나가 바다에 빠졌다. 물에 빠진 컨테이너에는 주먹만 한 플라스틱 목욕 장난감이 가득 들어 있었다. 노란 오리, 빨간 비버, 파란 거북이, 초록 개구리 2만 8800개가 실려 있었다. 이 장난감들을 간단하게 고무 오리라고

하겠다. 장난감들은 그곳에서 목적지를 알 수 없는 긴 여행을 시작했다. 장난감 중 얼마는 해변 어딘가로 밀려갔고 발견된 장난감은 해류를 연구하는 해양학자에게 중요한 정보원이 됐다. 결과적으로 노란 고무 오리는 플라스틱 수프의 상징 중 하나가 되었다.

고무 오리

지구의 자전과 탁월풍으로 인해 해양은 끊임없이 움직인다[탁월풍이란 한 지역에서 특정 기간에 부는 바람의 방향을 말한다. 봄에서 가을 사이 해안 지방의 해풍은 낮의 탁월풍이고, 육풍은 밤의 탁월풍이다. 평균적으로 극지방에는 편동풍, 중위도 지방에는 편서풍, 열대 지방에는 편동풍이 분다. 기상백과 참조—옮긴이]. 1992년 고무 오리들은 큰 대양 환류 중 하나인 북태평양 환류에 휩쓸려 갔다. 일부는 빙빙 도는 거대한 흐름을 따라 떠다녔지만, 대부분은 아한대 한류를 비롯해 다른 해류에도 흘러 들어갔다. 10개월 만에 처음으로 오리가 땅에 쓸려 왔다. 알래스카만 시트카 해안가에서 발견됐다. 그 뒤로 3년마다 고무 오리는 계속 해변으로 밀려왔다. 3년 동안 오리들은 아열대 환류를 한 바퀴 돌았다. 매일 11킬로미터를 흘러가서 1만 1265킬로미터 정도를 건넜다.

알래스카 북쪽에서 극지방 빙하에 걸린 수많은 오리가 빙하에 실려 그린란드로 향했다. 오리들은 그린란드에서 풀려난 다음 대서양으로 흘러갔다. 2003년 7월 미국 메인주에 장난감 오리가 하나 밀려왔고

그해 8월 스코틀랜드 북서쪽 해안에 개구리 한 마리가 올라왔다. 실종된 고무 오리의 3분의 2는 전혀 다른 방향으로 나아갔다. 상당히 많은 장난감이 인도네시아와 오스트레일리아에 상륙했다. 나머지 장난감들은 남태평양을 가로질러 남아메리카 해안에서 회수되었다.

밀려온 장난감 오리들은 대부분 해양 동물에게 물어 뜯겼거나 암벽 해안가에서 파도에 깨진 상태였다. 햇빛에 노출된다면 결국 바다 한가운데 어딘가에서 대부분 조각조각 부서진다. 1992년에 난파된 고무 오리의 파편은 더는 알아볼 수 없는 무수한 작은 입자가 되어 전 세계 해안가에 밀려올 것이다.

난파된 장난감 때문에 과학적 지식을 상당히 많이 얻었다. 플라스틱 물체를 실은 다른 컨테이너가 난파되었을 때와는 달랐다. 2017년 1월에 수천 개의 플라스틱 장난감 서프라이즈 에그가 독일 바덴해 랑에오그섬에 쓸려 왔다. 몇 번의 사고로 영국 콘월 해변은 수천 개의 분홍색 플라스틱 케이스와 레고 장난감으로 뒤덮이기도 했다.

유령 그물

유령 그물은 끝없이 흘러 다니며 해양 동물을 죽이고 상처 입힌다. 유령 그물은 만들어진 목적대로 움직이며 고기를 잡는다. 동물들은 유령 그물 때문에 상처 입고, 굶어 죽고, 숨이 막혀 죽는다. 그물에 붙잡힌 동물은 결국 쉽게 다른 동물의 표적이 된다. 버려진 그물에는 생명체들이 몰려들고 새로운 피해자가 나올 가능성도 커진다. 떠다니는 밧줄, 부표, 다른 쓰레기가 뭉쳐진 유령 그물에는 물고기가 걸리고 그물끼리 엉키기도 한다. 그뿐만 아니라 그물은 산호초에도 쉽게 걸려 밀려오는 파도와 해류의 힘으로 인해 산호초가 갈기갈기 찢어진다. 그물은 선박의 프로펠러에 걸려 항해의 위험 요인이 되기도 한다.

↓ 독일 헬리골랜드 섬의 부비새는 그물에 걸려 희생되는 일이 잦다. '돌리로프' 실로 바위에 둥지를 짓기 때문이다.

32

→ 버려진 어망은
바다 환경에 해로울
뿐 아니라 선박에도
위협이 된다. 프로펠
러에 감길 위험이 있
기 때문이다.

플라스틱으로 만든 그물은 1960년대부터 세계적으로
사용됐다. 플라스틱 그물은 밧줄로 만든 기존의 그물보다
값이 쌌다. 그리고 더 가볍고 오래가고 훨씬 질겼다. 물에
잘 뜨는 것도 또 다른 장점이었다. 그물은 다양한 형태와
크기로 특정 어종을 잡기 적합하게 디자인되었다. 수천
제곱미터의 바닥을 쓸면서 고기를 잡는 트롤어업에는
저인망을 사용한다. 줄로 고기를 낚는 주낙어업에는
갈고리가 달린 몇 킬로미터에 달하는 줄을 사용한다.

　살아 있는 바다거북 7종 중에서 6종이 사는
북오스트레일리아 해안에는 1킬로미터마다 3톤의 유령
그물이 매년 물에 쓸려 온다. 거북이는 숨어 있다가
쏜살같이 공격하기 위해 먹잇감을 기다릴 수 있는
떠다니는 안전한 물체를 찾는다. 거북이들은 아직 적응이
안 돼서 지느러미발이 그물에 걸릴 수 있다는 사실을
모른다. 물에 쓸려 다니는 유령 그물에 걸린 사체의 4분의
3은 바다거북이다.

　작은 그물 조각도 심각한 타격을 줄 수 있다.
북유럽에서는 저인망어업을 할 때 저인망이 닳거나
찢어지지 말라고 보호용 '돌리로프'라는 주황, 파랑, 검정
색의 굵은 폴리에틸렌 실타래를 그물에 매달아 사용한다.
돌리로프는 북유럽 해안에서 가장 흔하게 보이는
쓰레기다. 네덜란드에서만 저인망어업 돌리로프를 매년
4만 킬로그램 구입한다.

　새들은 둥지 재료로 알록달록한 돌리로프 실을
사용한다. 북해의 헬리골랜드섬 암벽에서 새끼를 기르는
부비새의 모든 둥지에는 돌리로프 실이 들어 있다. 운이
없는 새들은 그물에 걸려 로프 섬유가 닳아 없어질 때까지
공중에 대롱대롱 매달려 있어야 한다.

　다행히 최근 들어 유령 그물을 많이 청소하고 있다.
스포츠 다이버들이 위험하지만 자발적으로 난파선
잔해에서 그물을 걷어내고 있다. 현재로선 바다에 버리는
양보다 많이 건져내는 것밖에는 다른 대책이 없다.

태평양 한가운데 있는 다도해 미드웨이 군도는 세상에서 가장 외딴 섬 중 하나다. 그렇지만 미드웨이 해변에는 플라스틱이 가득하다. 안타깝게도 해류가 엄청난 양의 쓰레기를 몰고 온다. 2011년 쓰나미가 일본 해안을 강타한 후 미드웨이 해변에 밀려온 쓰레기로 보아 일부는 일본에서 온다는 사실을 확인할 수 있었다. 자연보호 구역인 미드웨이에는 놀라울 정도로 플라스틱 라이터가 많이 보인다. 라이터 기름통에 쓰인 글자로 쓰레기 라이터 절반이 일본에서 왔음을 알 수 있다. 어느 순간 무심히 라이터를 던져버렸을 일본 흡연자와 미드웨이는 4000킬로미터 떨어져 있다.

미드웨이섬의 라이터

34

→ 미드웨이 환초에 둥지를 튼 앨버트로스 새끼 배 속에는 부모가 먹이인 줄 알고 잘못 먹인 플라스틱이 가득했다. 2009년 크리스 조던이 찍은 사진은 세계에 충격을 주었다.

미드웨이는 세계에서 가장 큰 레이산 앨버트로스 서식지다. 40만 쌍 이상의 앨버트로스가 바다에서 먹이를 잡아 새끼를 키운다. 부모 새는 새끼에게 주려고 작은 오징어나 날치알을 찾아다닌다. 색상이 화려한 라이터는 오징어와 비슷하고 날치알이 줄줄이 라이터에 들러붙어 있을 수도 있다. 새들은 라이터와 떠다니는 다른 플라스틱을 낚아채 새끼에게 먹이려고 수천 킬로미터를 거뜬히 날아간다. 그러니까 미드웨이섬의 라이터는 알래스카 해안에서 낚은 것일지도 모른다. 미드웨이의 수많은 일회용 라이터와 다른 플라스틱 쓰레기는 단지 대양 해류 때문에 거기에 있는 것이 아니다.

새끼는 먹이를 먹고 나면 한참 뒤 올빼미가 털 뭉치를 뱉어내듯 덩어리를 토해낸다. 토해낸 덩어리에는 소화되지 않은 딱딱한 오징어 뼈 등이 들어 있다. 이제는 새끼들이 토하는 덩어리마다 플라스틱이 있다.

매년 미드웨이의 앨버트로스 새끼 수만 마리가 끔찍하게 굶어서 죽는다. 플라스틱을 너무 많이 먹어 더는 덩어리를 토해낼 수 없을 때 생기는 일이다. 사체에서 온갖 색깔의 라이터가 나온다. 때로는 여러 개가 나오기도 한다. 그것 말고도 병뚜껑, 장난감, 칫솔, 골프공, 그리고 원래 무엇이었는지 알 수 없는 작은 플라스틱 조각이 엄청나게 많이 나온다. 플라스틱 조각은 앨버트로스 서식지에서 펼쳐지는 드라마를 소리 없이 지켜보는 목격자다. 죽은 새 한 마리에서 나온 플라스틱 조각을 세어보니 558개 정도였다. 사진가이자 영화 제작자인 크리스 조던이 미드웨이에서 촬영한 죽은 새와 죽어가는 새끼의 섬뜩한 이미지를 보고 세계는 긴장하고 관심을 기울이게 되었다. 사진을 본 사람이라면 누구나 생각 없이 라이터를 던져버린 흡연자들에게 이 재앙의 책임이 있음을 알 수 있다.

3

플라스틱 수프에서
플라스틱 죽으로

← 인도네시아 누사 페니다섬 만타가오리 는 플라스틱 쓰레기 한가운데에서 산다. 물속의 새우나 플랑크톤을 걸러 먹는 동 물은 플라스틱에 흡 착된 독성물질을 섭 취하기 쉽다.

매년 바다에 버려지는 플라스틱 양을 산출하는 일은 복잡하다. 과학자들은 800만 톤의 쓰레기에 대한 책임이 전 세계 192개 해안 국가에 있다는 2010년 추정치를 자주 인용한다. 일 분마다 트럭 한 대 분량의 쓰레기를 일 년 동안 바다에 버리는 양이다.

뭔가 개선되지 않는다면 2030년에는 일 분에 트럭 두 대 분량이 바다에 버려질 것이다. 2050년이 되면 일 분마다 네 대 분량이 버려질 것이고 무게로만 보면 바다에는 물고기보다 플라스틱이 많아질 것이다.

환경 축적과 농축

오염이 심한 강이 있는 국가
- 매년 2만 톤 이상의 플라스틱이 배출되는 강
- 매년 2000~2만 톤의 플라스틱이 배출되는 강
- 매년 20~2000톤의 플라스틱이 배출되는 강
- 비교적 배출이 적음 / 통계 자료 없음

↑ 세계적으로 매년 강을 통해 수천 톤의 플라스틱이 바다로 흘러든다. 일부 국가 는 다른 나라보다 많 은 플라스틱을 배출 한다.

↑ 남아프리카 더반의 남쪽 커팅스 해변에 밀물에 휩쓸려와 믿을 수 없을 정도로 많이 쌓인 쓰레기. 폭우가 쏟아지고 나면 항상 이렇게 쓰레기가 쌓인다.

플라스틱 수프에 대한 책임은 나라마다 인구의 크기, 쓰레기 폐기시설의 존재 여부에 따라 크게 달라진다. 800만 톤이라는 쓰레기양은 2010년 전에 바다에 버린 쓰레기나 매년 해상 운송이나 어업에서 나온 쓰레기는 넣지 않은 숫자다. 평균적으로 해양 플라스틱 쓰레기의 80퍼센트는 육지에 배출되고 있고 20퍼센트는 바다에 버려진다. 다시 말해 바다에서 버려진 쓰레기를 포함한 2010년의 해양 쓰레기는 800만 톤이 아니라 1000만 톤이다. 그 모든 쓰레기가 자연적으로 분해되지 않고 자연환경에 그대로 남아 있다.

해변과 해안가를 청소하면 플라스틱 수프의 양을 줄이는 데 도움이 되긴 한다. 밀려온 쓰레기를 청소하면 자연에서 플라스틱을 제거한 것이다. 그런데도 세계 곳곳의 바다에 플라스틱은 계속 쌓이고 있다. 치우는 것보다 흘러들어 오는 양이 더 많기 때문이다.

플라스틱 일부가 주요 해양 해류에 실려 5대 아열대 환류의 중심으로 흘러가긴 해도 플라스틱이 심각하게 밀집되는 현상은 다른 곳에도 나타난다. 특히 인구가 밀집된 동남아시아의 도시나 인구 100만 명이 넘는 지역 해안가에서 찾아볼 수 있다. 남아프리카 더반 근처의 해변에는 폭풍이 올 때마다 플라스틱 쓰레기가 가득 쌓인다.

내륙의 바다는 별개의 문제다. 지중해에 쌓이는 쓰레기가 점점 늘고 있는데, 지중해는 대서양으로 나가는 길목이 좁기 때문이다. 지중해로 들어간 쓰레기는 빠져나가지 못한다. 홍해와 흑해도 지중해와 같은 이유로 세계에서 가장 오염된 바다다.

해류 근처에 있는 나라들은 말하자면 플라스틱을 수출하는 셈이다. 영국에서 버려진 쓰레기는 2년에서 5년에 걸쳐 항해하고 나서 사람이 살지 않는 북극해로 간다. 아무리 벽지여도 플라스틱 쓰레기가 쌓이는 것을 피할 수 없다.

매년 생산되는 플라스틱의 3퍼센트가 바다에 버려진다. 2014년 세계의 플라스틱 생산량은 3억 1100만 톤이었다. 2014년 과학자들이 커다란 조각이 부서지는 점을 고려해 계산한 바다 표면의 미세플라스틱 조각은 15~51조 개였다. 총 무게로 보면 9만 3000톤에서 23만 6000톤이다. 즉 2010년 한 해 대략 1000만 톤보다 작은 양이 바다에 버려졌다. 결론은 예상보다 훨씬 적은 양의 플라스틱 쓰레기가 발견됐다. 이 글을 쓰고 있는 지금 아무도 이 미스터리를 제대로 설명하지 못한다.

사라진 플라스틱의 미스터리

← 물속에 떠도는 플라스틱의 양은 아직 제대로 알 수 없다. 2011년 온두라스, 로아탄에서 촬영.

채집 그물의 내용물을 분석하면서 플라스틱 수프에 관한 여러 사실을 알게 되었다. 고운 그물망은 해수면에서 0.3밀리미터보다 큰 플라스틱 조각을 걸러낸다. 걸러낸 조각 수를 세어서 플라스틱이 1제곱킬로미터에 얼마나 많이 떠 있는지 계산한다. 그런데 이 방법에는 한계점이 있다. 이미 더 잘게 부서져 0.3밀리미터보다 작은 조각은 망에서 빠져나갔을지 모른다. 게다가 물속에 떠 있거나 해저에 가라앉은 플라스틱 양이 얼마인지도 잘 모른다.

그럼에도 연구자들은 플라스틱 수프에 작용하는 복잡한 과정을 점점 더 많이 이해하게 됐다. 떠다니는 플라스틱 상당량이 시간이 지나면 가라앉는 것으로 추정된다. 새들도 물속에서 작은 플라스틱 조각을 건져 수천 킬로미터를 날아가서 플라스틱을 이동시킨다. 또한 새가 삼킨 플라스틱은 위 속에서 조그맣게 부서져 배설된다. 예를 들면 북방 풀머갈매기의 경우가 그렇다. 북서부 유럽의 풀머갈매기는 체내에 평균 35개의 플라스틱을 갖고 있다. 그러면 북해 지역에 있는 200만 마리의 풀머갈매기가 플라스틱을 잘게 갈아 적어도 6억 3000만 개의 조각, 6톤의 플라스틱 조각을 퍼뜨린다고 할 수 있다. 그 정도 비율의 양이 바다에서 멀리 떨어진 땅에 퇴적된다. 풀머갈매기는 바다는 약간 깨끗하게 하면서 땅을 오염시키고 있는 셈이다.

해양 동물이 플라스틱을 삼키는 것이 사라진 플라스틱의 미스터리를 푸는 데 한 가지 답이 될 것이다. 해저 200미터에서 1000미터 깊이에 사는 물고기의 위 내용물을 분석한 통계치에 따르면 해저의 물고기들은 매년 1만 2000~2만 4000톤의 플라스틱을 삼킨다. 몸속에 플라스틱이 있는 모든 동물은 플라스틱 쓰레기의 보이지 않는 엄청난 창고라고 할 수 있다.

↓ 2008년 하와이 카밀로 해변. 전 세계에서 온 플라스틱 조각은 단지 여기에 쌓여 있기만 한 것이 아니다. 시간이 지나면서 더 잘게 부서진다.

플라스틱은 화학적으로 분해되지 않지만, 물리적으로 분해된다. 햇빛, 산소, 파도에 의해 부서진다. 먼저 누구나 알 수 있는 플라스틱 물건이 있고 쉽게 눈에 띄는 큰 플라스틱 조각이 있는데 이것들은 더 작은 조각으로 부서진다. 그렇게 미세플라스틱이 되고 때로는 맨눈으로 볼 수 없을 정도로 작아진다. 그러고 나서도 미세한 파편은

계속 부서져 나노플라스틱이 된다. 잘게 부서진다고 해서 플라스틱 수프의 전체 무게가 줄지는 않는다. 단지 구성 형태만 달라질 뿐이다. 미세플라스틱과 나노플라스틱의 양은 비교적 짧은 기간 동안 기하급수적으로 많아졌다. 그래서 이미 플라스틱 수프라고 하기보단 플라스틱 죽이라고 하는 게 맞을지도 모르겠다.

지금도 부서지고 있는 플라스틱

지속적인 플라스틱 파편화 과정은 세계가 풀 수 없는 두 가지 문제에 직면했다는 뜻이기도 하다. 결국 물속에서 모든 플라스틱 조각을 건져낼 방법은 없다. 부서진 조각을 추출하려면 살아 있는 생명체도 잡아야 한다. 이미 그 둘은 밀접하게 엮여 있기 때문이다. 설령 기술적으로 추출이 가능하다고 해도 천문학적인 비용이 들어갈 것이다.

두 번째 문제는 조각이 작을수록 동물이 플라스틱을 삼킬 가능성이 높다는 점이다. 나노플라스틱은 동물의 체내에 퍼질 수 있고 장기에도 들어갈 수 있다. 그런 이유로 나노플라스틱이 특히 유해하다고 추정한다.

파편화 과정은 플라스틱이 바다에 들어가기 전에 이미 시작되는 경우도 많다. 강이 토해내는 플라스틱이 대부분 이미 온전하지 않고 알아보기 어렵다. 연구자들은 미세플라스틱의 주요 원천은 파편화 과정 때문이고 병과 플라스틱 포장재 같은 큰 조각이 자외선과 산소에 노출되고 마찰되어 점차 작게 부서지고 있다고 입을 모은다. 파편화 과정은 파도가 높게 치고 햇빛이 많이

비치는 암석 해안에서 가장 빠르게 진행된다. 플라스틱은 부러지고 부서지고 가루가 된다. 이와는 달리 물속에 있거나 얼어버린 플라스틱은 아주 조금 분해되거나 전혀 분해되지 않는다.

동물도 플라스틱 파편화를 거든다. 옆새우는 한 장의 비닐봉지를 175만 개의 조각으로 분쇄할 수 있다. 미세플라스틱이 바로 플라스틱 수프에 유입될 경우에는 파편화 과정이 일어나지 않는데, 이렇게 유입되는 미세플라스틱의 양이 엄청나게 많다. 때로는 미용이나 위생용품의 입자로 첨가하기 위해 미세플라스틱 형태로 플라스틱을 생산하기도 한다. 위생용품에 들어간 미세플라스틱은 물에 씻겨 폐수로 흘러가서 결국 어쩔 수 없이 그만큼 바다에 버려진다. 물건이 닳거나 찢겨나가면서 생기기도 한다. 예를 들어 자동차 타이어의 고무에 들어간 합성물질은 고운 입자로 공기 중에 떠돌거나 갓길이나 지하수에 버려진다. 플라스틱 의류는 기계로 세탁하거나 건조하는 동안 닳는다. 이렇게 상당한 양의 미세섬유가 하수도를 통해 먼바다로 흘러간다.

43

→ 매크로 플라스틱과 미세플라스틱은 어디에서 생겨서 어디로 갈까? 수없이 많은 곳에서 플라스틱 수프를 만들고 있다.

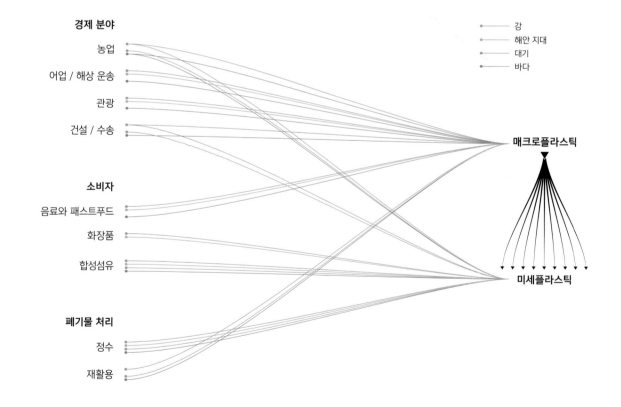

경제 분야
농업
어업 / 해상 운송
관광
건설 / 수송

소비자
음료와 패스트푸드
화장품
합성섬유

폐기물 처리
정수
재활용

강
해안 지대
대기
바다

매크로플라스틱

미세플라스틱

→ 2012년 여름, 수
백만 개의 펠릿이 란
타우섬 삼팍완 해안
을 비롯해 홍콩 여러
해안에 쓸려 왔다.

인어의 눈물

2012년 7월 23일 태풍 비센티가 홍콩을
강타했다. 해안으로 밀려오던 화물선에서
컨테이너 일곱 개가 바다에 빠졌다. 그중 여섯
개에는 폴리프로필렌 펠릿이 실려 있었다.
컨테이너 하나당 25킬로그램 펠릿 자루가
1000개씩 들어 있었다. 자루들이 흩어지면서
찢어지고 내용물이 쏟아졌다. 수백만 개의
펠릿이 홍콩 근처 해안을 뒤덮었다. 수천 명이
청소를 돕겠다고 자원봉사에 나섰다. 공업용
진공청소기를 동원해 모래를 걸러냈다. 그
결과 플라스틱 펠릿의 70퍼센트 정도가
제거된 것으로 추정한다.

펠릿은 2.5밀리미터에서 5밀리미터 정도 크기로, 타원형 모양이다. 펠릿은 석유 혹은 수거한 플라스틱으로 만든다. 대부분 흰색이나 은색이지만 다양한 색으로 만들기도 한다. 펠릿을 원료로 엄청나게 많은 플라스틱 제품을 만든다. 전 세계에서 펠릿은 트럭, 기차, 컨테이너선으로 운반된다. 운반수단을 바꾸는 경우 사고가 일어나기 쉬운데, 펠릿 자루가 터져버리는 일이 많이 발생한다. 그러면 펠릿은 자연에 그냥 버려지고 만다.

산업계의 펠릿 누출 방지 대책 덕분에 규모가 줄기는 했지만, 누출을 미리 막지는 못한다. 유럽에서는 전체 펠릿의 0.1퍼센트 정도만 환경에 누출된다고 본다. 비율을 보면 낮지만, 누출량은 거의 5만 톤에 달한다. 펠릿이 누출되면 내륙 수원이나 바다의 미세플라스틱 오염율이 상당히 높아진다. 플라스틱 펠릿은 가장 흔한 플라스틱 수프 성분이다. 특히 플라스틱 공장 근처의

강둑과 해안선이라면 어디에나 플라스틱 펠릿이 있다.

대부분의 펠릿이 폴리에틸렌이나 폴리프로필렌이고 가볍고 물에 뜬다. 물에 뜨기 때문에 상당히 멀리 퍼지고 넓은 지역에서 일렁이는 물결에 밀려온다. 해안가에서 발견되는 미세플라스틱 중에서 펠릿이 엄청나게 많이 발견될 때도 있다. 펠릿은 사방에 퍼지면 거의 제거가 불가능하다. 물고기와 새의 위 내용물을 살펴보면 동물도 펠릿을 삼킨다는 것을 알 수 있다.

펠릿은 신비한 바다 생물인 인어의 눈물이라고 불리기도 한다. 옛날 중국 전설에 따르면 인어의 눈물은 진주로 변한다. 하지만 펠릿은 침묵하는 불운한 눈물이다. 자연에 버려진 펠릿 하나하나는 부주의한 행동의 결과이고 펠릿 누출을 막지 못하는 지구 생산 시스템의 결과물이기도 하다.

45

← 다양한 색깔의 공업용 펠릿이 해안 가와 해변에서 발견 된다. 펠릿은 아주 작 아서 특히 제거하기 어렵다.

화장품 속의 미세플라스틱

플라스틱 수프는 내륙의 물을 포함해 민물이나 짠물 어디에나 있다. 2013년에 미국 오대호에서 실시한 미세플라스틱 연구에 따르면 평균적으로 1제곱킬로미터당 4만 3000개의 플라스틱 조각이 있다. 상당히 많은 조각이 위생용품에 들어 있는 것과 똑같은 색깔, 모양, 크기의 마이크로비즈였다.

마이크로비즈 입자가 폐수 처리시설에서 걸러지지 않는다는 사실이 이 연구를 통해 아주 분명하게 밝혀졌다. 이 문제는 미국에서 중요 정치 안건이 되었다. 여러 주에서 입법화된 뒤 연방법도 뒤이어 2015년 마이크로비즈를 법으로 금지했다.

이미 1960년대에 산업계는 위생용품에 넣는 플라스틱 첨가제 특허를 냈다. 스크럽 성분인 플라스틱 입자는 소금 결정이나 간 견과류 껍질 같은 천연 재료보다 피부에 훨씬 부드럽고 값이 싸다. 또 피부에 손상을 주지 않고 매일 사용할 수 있어서 생산업자들은 이 제품을 더 많이 판매한다. 또한 미세플라스틱은 쉽게 씻어낼 수 있도록 고안되었다. 시간이 지나면서 다른 형태의 미세플라스틱들이 여러 제품에 첨가되었다. 단지 문지르는 기능뿐만 아니라 다른 기능을 가진 훨씬 더 작은 미세플라스틱이 치약, 립스틱, 샴푸와 그 밖의 다른 화장품에 널리 첨가되기 시작했다.

2015년 영국에서는 110만 명의 여성이 미세플라스틱이 포함된 스크럽 제품을 매일 사용했다. 한 번에 사용하는 양은 5밀리리터 정도로 추정한다. 조사한 바에 따르면 1회 사용량에는 4600개에서 9만 4500개의 미세플라스틱 입자가 들어 있다. 플라스틱 입자의

크기가 극도로 작기 때문에 미세플라스틱의 75퍼센트가 폐수 처리시설을 빠져나가 수면이나 바다에 떠 있게 된다. 영국에는 6400만 명이 살고 있고 그들 모두 세안 용품에서 나온 16톤에서 86톤의 미세플라스틱에 책임이 있다.

판매용 화장품은 '소비자의 안전을 확실하게 보장해야 한다'는 엄격한 규정을 준수해야 한다. 결국 미세플라스틱 때문에 생긴 환경 오염은 규정을 통해 복구시킬 수 없다. 사람들은 매일 씻고 매일 화장품을 바른다. 소비자는 복잡한 상표를 살펴보려고 노력하지 않고 자신들이 환경을 얼마나 오염시키고 있는지, 플라스틱 수프를 얼마나 만들고 있는지 의식하지 못하는 경우가 많다. 미세플라스틱이 없어도 화장품을 만들 수 있다. 가격만 빼고 생각하면, 때로는 전체 양의 10퍼센트까지도 들어 있는 미세플라스틱 제품의 대안은 상당히 많다.

↑ 개구리밥에 붙은 미세플라스틱 조각. 개구리밥 같은 부유 수생식물에 붙어 뿌리 성장을 막는 나쁜 영향을 끼친다.

2011년 사람들은 마침내 깨달았다. 마크 앤서니 브라운이라는 영국 과학자가 하수 찌꺼기에 있는 폴리에스터와 아크릴 미세섬유의 비율이 시판되고 있는 합성섬유 의류와 아주 많이 닮았다는 사실을 관찰한 것이다. 하수 처리시설에서 나와 바다로 흘러 들어가는 물도 상황은 같았다. 연관 관계는 빨리 파악됐다. 세탁기로 합성섬유를 세탁할 때 나오는 섬유들 때문이었다. 폐수를 정화했는지는 몰라도, 미세섬유는 너무 작아서 걸러지지 않았다. 후속 연구에 따르면 세탁할 때마다 수백만 개의 섬유가 방출된다. 세탁기를 쓰는 사람이라면 누구나 플라스틱 수프를 만들고 있다.

세탁기에서 나오는 미세섬유

별다른 힘을 들이지 않고 옷을 빨 수 있는 세탁기는 혁명적인 발명품이었다. 그 정도로 시간을 아껴줄 수 있는 물건은 이제껏 없었고 특히 여성 해방에 큰 도움이 되었다. 공교롭게도 반세기 전에 세탁기의 발명과 더불어 합성섬유도 소개됐다. 세탁기와 합성섬유는 진보의 상징이었다. 그러나 두 가지 발명품의 조합이 환경에는 결코 도움이 되지 않았다.

기계에서 세탁하고 건조되는 동안 합성섬유로 만든 옷에서 믿기 힘들 정도로 섬유가 많이 방출된다. 유러피언 머메이드 라이프+ 프로젝트[세탁 오수에서 나오는 미세플라스틱이 유럽 해양 생태계에 미치는 환경적 영향을 줄이는 데 도움이 될 기술을 선보이고, 플라스틱 섬유 생산업자 및 직물업계, 세제업체, 일반 가구를 위한 주요 가이드라인을 만들기 위해 실시한 유럽연합의 연구 프로젝트—옮긴이]팀은 5킬로그램의 합성섬유 의류를 한 번 세탁하는 동안 60만 개에서 1770만 개의 섬유, 0.43그램에서 1.27그램 정도가 빠진다고 측정했다. 액체 세제로 낮은 온도에서 짧은 시간에 세탁하면 빠지는 양이 상당히 줄어든다. 그렇다고 해서 플라스틱 수프 문제와 씨름하는 데 확실한 해결책이 되는 것은 아니다. 옷은 입고 다니면서도 닳아서 섬유가 빠지고, 미세섬유들이 옷에서 빠져나와 폐수에 섞여 흘러가는 것은 시간문제일 뿐이다.

플리스는 가장 심각한 문제다. 이 섬유는 사용했던 페트병으로 만든다. 일반인들은 페트병 재활용이 책임감 있는 행동이라고 생각한다. 플라스틱을 다시 사용하는 것이고 플리스 재킷은 따뜻하고 가격도 싸다. 하지만 세탁과 건조를 하는 동안 플리스는 엄청난 수의 미세섬유를 방출한다. 하수 처리시설로는 플리스 섬유를 걸러내지 못한다. 결과적으로 상당히 많은 미세섬유가 수면에 떠다니고 바다로 흘러들어 간다.

세탁기는 소득이 증가하는 여러 나라에서 가장 사고 싶어 하는 물건 중 하나다. 인구가 증가하고 있어 가격이 상당히 싸고, 질도 괜찮은 플라스틱 섬유로 만든 옷에 대한 의존도도 높다. 내륙의 물과 바다에 버려지는 플라스틱 미세섬유는 결코 건져낼 수도 없고 썩지도 않는다.

↓ 합성섬유 실험 세탁에서 나온 미세섬유. 세탁할 때마다 수백만 개의 미세섬유가 빠져나온다. 그 중 상당량이 내륙의 물이나 바다로 흘러 간다.

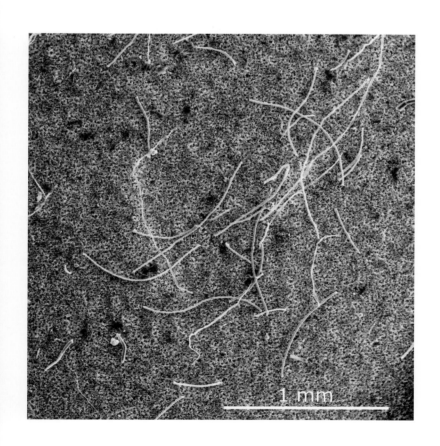

1 mm

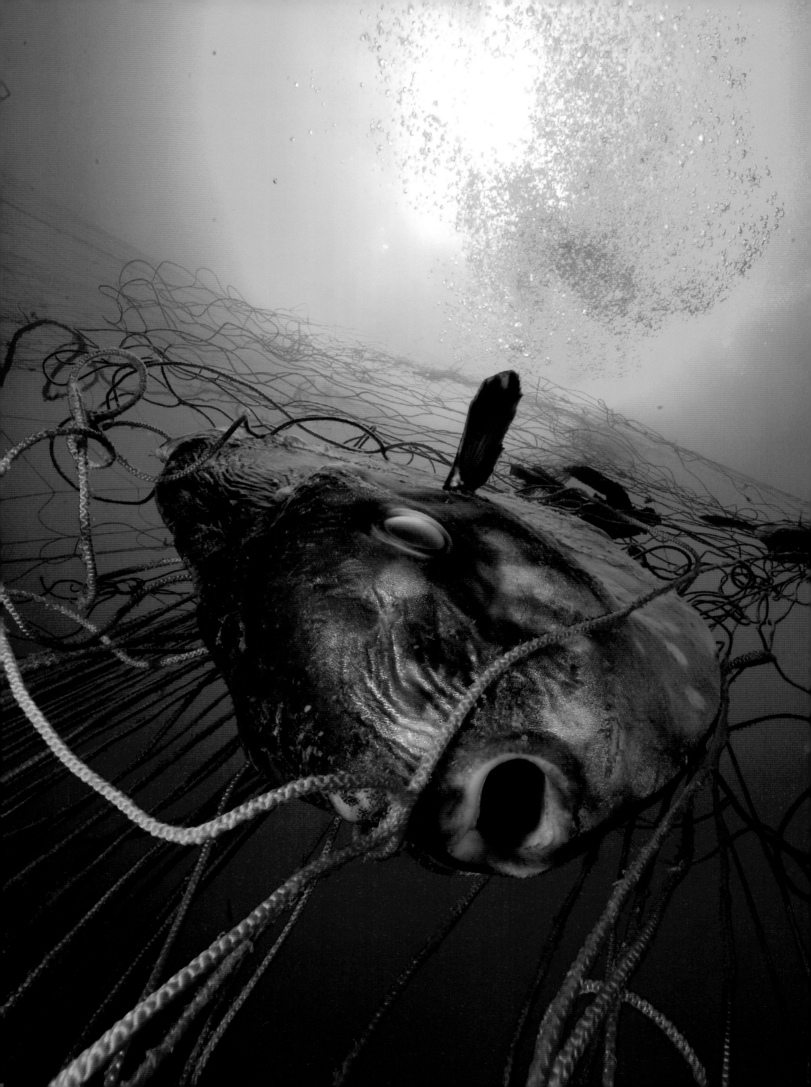

4

플라스틱 속에
잠들다

← 이탈리아 사르디니아 섬 카를로포르테 근처에서 우연히 잡은 개복치. 사방으로 함정그물을 치고 참치를 유인해 포획하는 '마탄자'라는 지중해식 전통 참치잡이법으로 인해 돌고래나 상어, 거북이가 그물에 잡힌다[마탄자는 스페인어로 학살이라는 뜻이다—옮긴이].

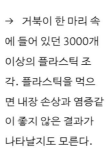

→ 거북이 한 마리 속에 들어 있던 3000개 이상의 플라스틱 조각. 플라스틱을 먹으면 내장 손상과 염증같이 좋지 않은 결과가 나타날지도 모른다.

식단에 오른 플라스틱

새로운 형태의 현대적인 플라스틱 수프의 규모가 커질수록 어쩔 수 없이 더 많은 동물이 플라스틱 수프를 음식으로 먹을 수밖에 없다. 특히 플라스틱 조각이 계속 잘게 부서진다면 더욱 그럴 것이다. 먹이인 줄 알고 플라스틱을 덥석 삼키는 물고기나 새가 있는데, 플라스틱 조각이 물고기알처럼 보이기 때문이다.

바닷물에서 먹이를 걸러 먹는 동물은 그런 식으로 플라스틱을 삼킨다. 이미 플라스틱을 삼킨 물고기를 먹이로 먹는 동물도 있다. 플라스틱은 수백만 마리 동물에게 영향을 미치지만, 각각의 동물 종이 지속적으로 생존하는 데 어느 정도까지 위협적인지는 아직 분명하게 알지 못한다.

2012년 3월 스페인 카스텔 데 페로 해변에 죽은 수컷 향유고래가 물살에 떠밀려 왔다. 사체에는 다양한 플라스틱 조각이 있었는데, 그중 26개는 그라나다 해안 지역에서 농사할 때 사용한 플라스틱이었다. 플라스틱 화분과 30제곱미터의 비닐 막도 들어 있었다. 위에 플라스틱이 쌓이고 구멍이 생겨 굶어 죽은 것으로 추정된다.

모든 바다거북 종은 플라스틱을 삼킨다. 거북이는 투명한 플라스틱 비닐봉지를 맛있는 해파리인 줄 알고 쫓아간다. 2010년 7월 브라질 해안 플로리아노폴리스 근처에 푸른 바다거북 새끼가 많이 쇠약해진 상태로 물결에 쓸려 왔다가 몇 시간 후에 죽었다. 거북이 표본에 비닐봉지는 없었지만, 내장에는 3267개의 플라스틱 조각이 있었고 위에는 308개의 플라스틱 조각이 있었다. 이는 5밀리미터 크기 이상인 조각만 셌을 뿐이다. 거북이의 소화기관은 플라스틱으로 온통 막혀 있었다. 바다거북은 어릴수록 해안 가까이에 머물려고 하는데,

해안 지역은 특히 플라스틱으로 심하게 오염되어 있다.

2017년에 플라스틱에 영향을 받는 동물 종의 수는 1220종이라고 알려졌다. 그중 3분의 1인 바닷새와 물고기 몸 안에는 결국 플라스틱이 쌓이게 된다. 매년 동물 종의 수가 늘고 있는데, 이는 단지 모든 종류의 동물이 플라스틱을 섭취했는지 여부를 아직 조사하지 못했기 때문이다. 플라스틱을 섭취해서 생긴 안 좋은 결과는 내장기관 손상에서부터 기아와 탈수 증상에 이르기까지 엄청나게 많다. 고립되고 건강이 나빠진 동물은 포식자에겐 손쉬운 먹잇감이 된다.

프랑스에서 굴에 자연 성장 환경과 똑같은 농도의 폴리스티렌 미세플라스틱을 먹이는 실험을 했다. 실험 굴의 정자와 난자는 질이 떨어졌고 플라스틱에 노출되지 않은 굴보다 굴 유생幼生이 41퍼센트 적었다. 굴 실험은 앞으로 모든 종족에게 닥칠 위험을 보여주는 첫 번째 증거였다.

호기심 때문에 플라스틱을 갖고 놀며 헤엄치는 바다사자, 돌고래, 물개는 자주 피해를 입는다. 그물, 밧줄, 플라스틱 포장끈이 목에 걸린 바다 동물의 상징적인 사진이 있다. 동물들은 줄에 단단히 얽매이기라도 하면 벗어날 방법이 없다. 줄에 얽매인 채 계속 자라면 플라스틱 줄이 살을 점점 더 깊게 파고들고 동물은 서서히 죽어간다. 2014년 아일랜드 코크에서 맥주 여섯 캔짜리 링 하나가 주둥이에 걸려 돌고래 한 마리가 사람들이 지켜보는 앞에서 굶어 죽었다. 이 비극적인 죽음은 뉴스가 되었다. 하지만 플라스틱 그물에 걸린 동물은 대부분 보이지 않는 곳에서 알려지지 않은 채 고통받고 있다.

플라스틱에 목 졸리는 동물들

← 물개 중에서도 새끼는 그물에 얽힐 위험이 크다. 새끼들은 물속이나 해변에 버려진 어망이나 다른 물건을 가지고 놀기 때문이다.

동물이 그물에 걸리면 움직임 둔화, 굶주림, 염증 생성, 익사, 성장 저하, 사지 절단, 질식 같은 참혹한 상황이 벌어질 수 있다. 먹이를 찾기 힘든 동물은 쇠약해지고 쉽게 다른 포식자의 먹이가 된다.

고래들에겐 고래잡이보다 이런 상황이 더 위험하다. 국제포경위원회 통계에 따르면 매년 고래와 돌고래 30만 8000마리가 그물에 걸린다. 일부는 익사하기도 하고 일부는 힘겨운 상태로 계속 헤엄쳐야 한다. 그물의 날카로운 실이 살을 파고들어 지느러미나 꼬리가 잘려나가기도 한다.

웨일스 남서쪽 해안에서 떨어진 그래스홀름섬은 커다란 바닷새와 부비새가 번식할 때만 찾아오는 서식지다. 부비새는 둥지를 깃털, 해초, 풀이나 나무로 만들지만 지금 그래스홀름의 둥지는 거의 다 플라스틱으로 만들어졌다. 새들은 나일론 낚싯줄, 그물 조각, 밧줄, 풍선, 포장재 등 주변에 흔한 것은 무엇이든 가져다 쓴다. 번식기가 지나면 자원봉사자들이 가서 그물에 걸린 새들을 도와준다. 매년 50마리 정도를 구출한다.

미국 서부 해안에서 멀리 떨어진 캘리포니아와 캐나다 사이의 해저에 사는 게와 가재를 잡기 위해 어부들은 미끼 넣은 덫이나 통발을 매년 40만 개씩 던져놓는다. 부표가 달린 긴 줄에 덫을 죽 달아놓았다가 나중에 배에서 건져 올린다. 폭풍이라도 불면 덫의 10퍼센트 정도가 유실된다. 대양의 바닥에는 수백만 개의 덫이 굴러다니고 있고 당연히 동물들이 거기에 걸릴 수 있다. 고래조차 줄에 걸리기라도 하면 꼼짝없이 피해를 보고 만다. 2015년 미국 서부 해안에서 적어도 61마리의 고래가 피해를 입었는데, 전년도의 거의 배에 달하는 수치였다.

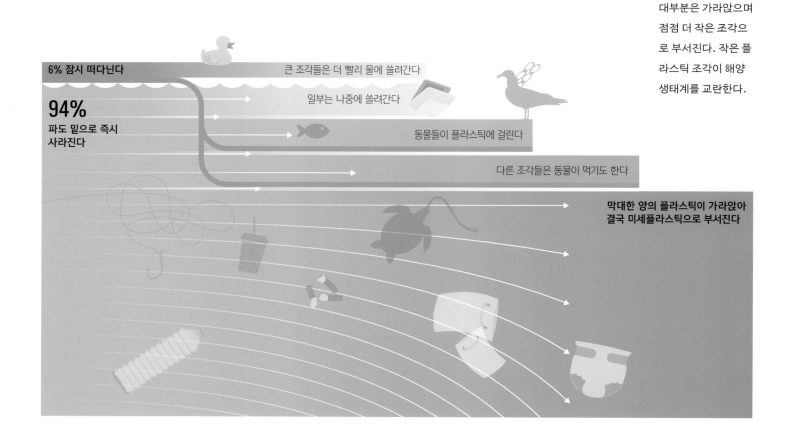

큰 조각들은 더 빨리 물에 쓸려간다

일부는 나중에 쓸려간다

94%
파도 밑으로 즉시
사라진다

동물들이 플라스틱에 걸린다

다른 조각들은 동물이 먹기도 한다

↓ 바다 플라스틱의
대부분은 가라앉으며
점점 더 작은 조각으
로 부서진다. 작은 플
라스틱 조각이 해양
생태계를 교란한다.

막대한 양의 플라스틱이 가라앉아
결국 미세플라스틱으로 부서진다

54

균형이 무너진
생태계

지구상에 물고기, 양서류, 파충류, 곤충, 조류, 포유류뿐만 아니라 나무, 풀, 곰팡이, 박테리아까지 900만 종의 생물이 생기는 데 35억 년이 걸렸다. 모든 종족이 계속해서 변화하는 주변 환경에 맞추어 서로 관계를 맺으면서 진화해왔다. 특정 종이 사는 환경이 바뀌면 그 종에게는 세 가지 가능성이 있다. 그 종이 더 좋은 곳으로 옮겨 가든가, 변화된 환경에 적응하든가, 멸종되는 것이다. 플라스틱 수프는 동물들의 생활환경을 변화시키고 있다. 다른 곳으로 이주하는 것은 불가능하다. 플라스틱이 없는 곳은 어디에도 없기 때문이다. 플라스틱을 피하거나 플라스틱을 먹이로 삼을 진화적 적응 방법을 찾는 일도 가망이 없어 보인다.

둥근 고리 모양의 환초, 태평양 마셜 군도의 마주로섬은 생활폐기물로 심하게 오염됐다. 쓰레기가 물속에 들어오는 햇빛을 차단해서 산호초는 질식했고 그로 인해 산호초가 하나씩 죽어갔다. 과학자들은 가볍게 오염된 곳에서는 그래도 산호초가 좀 더 살아남을 수 있었다는 점을 알아냈다. 산호초에는 생명체가 풍부하게 깃들어 있지만 의외로 산호초는 예민하다. 폭풍이 불면 산호는 버려진 그물이나 밧줄 때문에 쉽게 갈가리 찢긴다.

　해초와 동물 같은 수많은 유기체가 해저에 살고 있다. 플라스틱 비닐봉지 하나가 가라앉으면 작은 면적을 덮는다. 봉지가 덮여 있는 부분에는 산소가 통과되지 않고 빛과 영양소가 차단된다. 그러면 봉지 아래의 미생물이 죽는데, 해저 거주자들은 해양 먹이사슬의 바닥을 형성한다. 그러고 나면 먹이사슬 상위 동물의 먹이인 벌레, 갑각류, 물고기가 줄어든다. 조사한 바에 따르면 조그만 바닥을 덮은 비닐봉지 한 장이 단 몇 주

만에 그 봉지 밑 작은 생태계에 재앙이 된다. 물살의 흐름이 약하고 쓰레기가 많은 곳이라면 생태계가 특히 취약해진다.

　그런가 하면 플라스틱의 덕을 보는 종 때문에 생태계가 변하기도 한다. 바다소금쟁이는 평소에는 새 깃털이나 나무 조각에 알을 낳지만, 바다 어디에나 떠다니는 미세플라스틱은 아주 좋은 대안이다. 해변에 밀려온 펠릿의 4분의 1 정도에 벌레알이 묻어 있다. 바다소금쟁이 개체수가 증가하고 있는데, 방대한 지역에 미세플라스틱이 뒤덮여 있어서 소금쟁이 종이 쉽게 퍼져나가고 있는 셈이다.

　바다에는 플라스틱 말고도 해결해야 할 문제가 많다. 과소비, 마구잡이 어업, 온난화, 의도하지 않은 부수 어획, 산성화 등의 문제가 동시에 일어나고 있다. 모든 문제가 해양 생태계를 어지럽히고 전반적으로 생물 다양성에 해를 끼치고 있다.

↓ 수십억 개의 플라스틱이 산호초에 걸려 있다. 조사한 바에 따르면 플라스틱이 걸려 있는 산호는 질병에 걸릴 확률이 20배 높다.

첨가제를 넣으면 플라스틱은 원하는 특정 성질이 생긴다. 하지만 시간이 지나면서 플라스틱에서 화학첨가물질이 천천히 유출된다. 화학물질의 유출량은 극히 적지만, 일상생활에서 사용할 때도, 자연에 버려져 조금씩 부서질 때도 계속된다. 전체적으로

수천 개의 다양한 화학물질이 사용되는데 대개는 안정제, 유연제, 난연제難燃劑, 염료가 사용된다. 이런 소량의 화학물질이 미치는 장기적 영향과 축적 결과에 관해서는 별로 알려진 바가 없다. 그러나 건강에 해가 된다는 증거는 쌓이고 있다.

BPA, 연화제와 발화지연제

비스페놀에이(BPA)는 다양한 종류의 플라스틱 생산에 사용되지만 대부분 질기고 투명한 폴리카보네이트라는 플라스틱에 사용된다. 음식 포장재에서 의료 장비, 페인트, 장난감, 영수증까지 모든 종류의 제품에 사용된다고 보면 된다. BPA라는 화학물질은 호르몬처럼 작용하며 이제는 인간의 혈액과 소변에서도 검출된다. BPA에 지나치게 많이 노출되면 태아의 면역계뿐만 아니라 생식 능력에도 해를 입을 수 있다. 사람은 주로 음식과 음료를 통해 BPA를 섭취하는데, 포장재, 병, 캔과 음료 팩의 내부 코팅에서 BPA가 흘러나오기 때문이다. 양으로 보자면 BPA가 세계적으로 가장 널리 생산되는 화학물질 중 하나다. BPA는 입으로 섭취할 수도 있지만, 피부 접촉이나 호흡을 통해 체내에 흡수되기도 한다.

폴리염화비닐(PVC)처럼 더욱 유연한 플라스틱을 만들 때는 연화제(가소제라고도 함)가 첨가된다. 시간이 지나면서 연화제도 조금씩 흘러나온다. 환경에 유출된 연화제를 프탈레이트라고도 하는데, 화학적으로

분해되지 않는다. 연화제는 작은 미생물에 쌓여서 먹이사슬 속에 남아 있게 된다. 연화제도 BPA처럼 인간과 동물의 호르몬 균형을 깨뜨리고 암을 유발하는 성질이 있어서 건강에 해로우리라 예상한다.

그리고 발화지연제가 있다. 플라스틱은 석유로 만들기 때문에 잘 타는데, 플라스틱이 불에 쉽게 타는 걸 막기 위해 발화지연제가 첨가된다. 이 첨가물은 모든 전기 제품이나 절연재 제품에 들어간다. 발화지연제는 독성이 있고 화학적으로 쉽게 분해되지 않는다. 플라스틱 쓰레기를 태우면 다이옥신 같은 독성물질이 생성된다.

모든 사람이 지속해서 플라스틱에 접촉하기 때문에 첨가물의 건강 위험을 수치화하기는 어렵다. 플라스틱에 접촉하는 피험자와 플라스틱을 하나도 만지지 않는 피험자 그룹으로 나누어 비교하면 이상적이겠지만 후자는 현실적으로 가능하지 않다. 오늘날 플라스틱이 하나도 없는 환경에서 사는 사람은 없다.

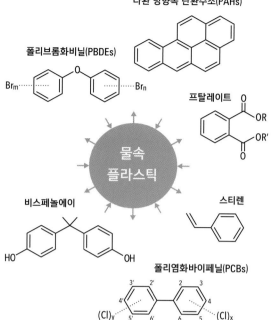

다환 방향족 탄환수소(PAHs)

폴리브롬화비닐(PBDEs)

Br_m ----- ----- Br_n

프탈레이트

OR
OR'

물속
플라스틱

비스페놀에이

HO ----- OH

스티렌

폴리염화바이페닐(PCBs)

$(Cl)_y$ 5' 6' 4' 3' 2' 1' 2 3 4 5 6 $(Cl)_x$

→ 플라스틱은 비스페놀에이 같은 화학 첨가물을 주변 환경에 유출한다. 동시에 플라스틱은 주변의 유기독소를 흡수한다.

플라스틱이 자연에 버려지면 플라스틱도 잔류성 유기독소인 폴리염화바이페닐과 다이옥신을 흡수한다. 흡수되는 복합물질은 대부분 분해되기 어렵고 주변의 물보다 1만 배에서 100만 배 정도의 아주 높은 농도로 플라스틱에 축적된다. 유기독성물질은 해양 동물의 지방과 조직에 쌓이고 먹이사슬에도 쌓인다. 독성물질의 생물 축적에서 플라스틱의 역할이 크지는 않다. 일반적으로 동물의 몸속에 남는 독소의 근본적인 원인은 먹는 음식이다.

먹이사슬 속에 스며든 독

2004년 스톡홀름 협약으로 잔류성 유기독소의 사용이 금지되긴 했지만, 오랫동안 사용했기 때문에 아직도 잔류성 유기독소가 주변 환경에 많이 남아 있다.

2005년부터 도쿄의 국제펠릿감시단은 전 세계 자원봉사자에게 해변에서 발견한 펠릿을 보내달라고 요청했다. 미세플라스틱을 검사한 결과 그들이 받은 펠릿에는 모두 잔류성 유기독소가 있었다. 산업시설이 있는 해안의 펠릿은 다른 곳에서 온 펠릿보다 독소의 농도가 상당히 높았고 펠릿 때문에 독소도 장거리를 이동해 사람이 살지 않는 오지까지 퍼질 수 있다.

먹이사슬에서 독소가 생물에 축적되는 데 플라스틱이 어느 정도 역할을 하는지는 별로 알려지지 않았다. 플라스틱에 흡착된 잔류 독소가 위장기관에 남게 되는지 여부도 입증되지 않았다. 한편 이미 체내에 잔류하고 있는 독소는 플라스틱에 붙어 배설된다. 이런 일련의 과정은 극히 복잡하다. 추가로 독소는 다른 경로로도 먹이사슬에 침투한다. 플라스틱만 독소를 운반하는 것은 절대 아니다.

일본의 과학자들은 많은 바닷새의 신체 조직에서 발화지연제인 폴리브롬화디페닐 에테르를 발견했다. 이 물질은 자연의 먹이에서 나온 것이 아닌데, 먹잇감이 이미 삼켰던 플라스틱에서 나온 것일 수 있다. 후속 연구에 따르면 새의 위와 물고기에서 나온 기름이 새의 체내에서 플라스틱 첨가물의 유출을 더 늘렸을 수 있다고 한다.

독소가 어느 정도 물고기의 체내 조직에 흡수되고 독소를 흡수한 물고기를 먹는 동물과 인간에게 얼마만큼의 독소가 남는지 지금 가진 자료만으로는 아직 결론 내리기 어렵다. 사람들은 보통 물고기를 먹을 때 내장을 제거한다. 내장기관을 제거하면서 내장에 들어 있는 독성 마이크로플라스틱도 버려진다. 내장기관을 제거하지 않은 조개를 먹으면 사람은 미세플라스틱을 섭취하게 된다.

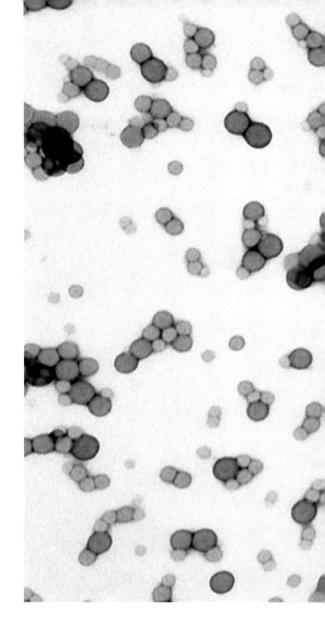

아무도 바다에서 나노플라스틱을 본 적은
없지만 나노플라스틱이 있고 그 숫자가
엄청나게 증가하고 있음은 분명하다.
나노플라스틱은 아주 작아서 아직도
자연에서 나노플라스틱을 측정하고 관찰할
적당한 방법이 없다. 입자가 작을수록,
유기체가 나노플라스틱을 삼킬 확률이 높다.
나노플라스틱은 너무나 작아서 신체 조직,
기관, 뇌, 개개의 세포 즉 인체 어디에도
스며들 수 있다. 이런 입자들은 큰 플라스틱
조각보다 독성이 훨씬 강해 부분적인 염증
반응을 일으키고 모든 종류의 생리적 영향을
미칠 수 있다. 나노플라스틱은 플라스틱 수프
문제에서 가장 잘 알지 못하는 대상이지만,
가장 위험할 가능성이 높다.

나노플라스틱의
위협

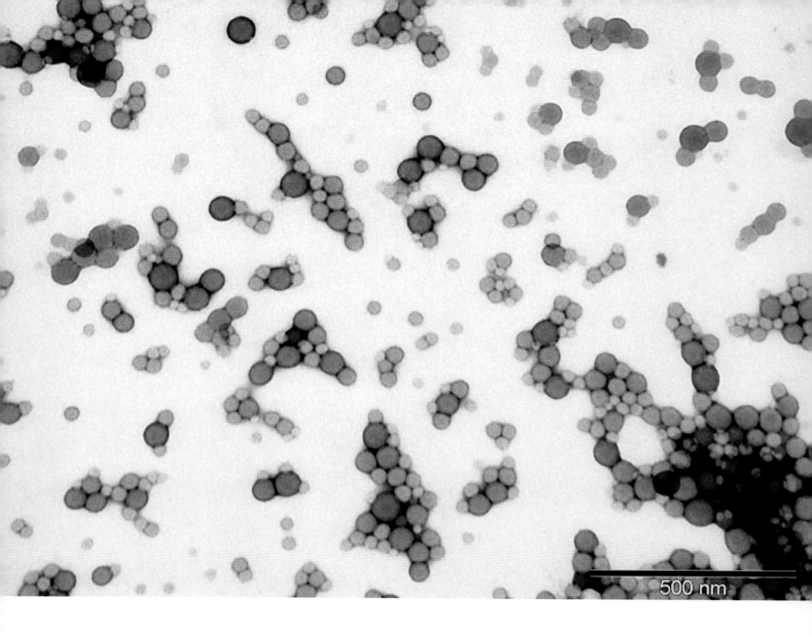

500 nm

나노플라스틱은 0.0001밀리미터보다 작은 입자로, 미세플라스틱이 계속 마모되거나 부서지면서 생긴다. 프랑스의 과학자들은 햇빛을 받으면 미세플라스틱이 나노플라스틱이 되는 것을 관찰했다. 나노플라스틱은 직접 만들 수도 있다. 산업계에서는 새롭고 혁신적인 사용처에 이런 극소립 입자를 기꺼이 사용한다.

나노플라스틱은 극도로 작아서 양에 비해 표면적이 엄청나게 넓다. 즉 무게가 같아도 큰 플라스틱에 비해 나노플라스틱이 독소를 훨씬 많이 흡수할 수 있다는 뜻이다. 연구에 따르면 나노플라스틱이 미세플라스틱보다 100배에서 1000배 정도로 많은 독소를 흡착할 수 있다. 위장기관에 들어간 나노플라스틱은 최소 몇 시간은 장내에 머무른다. 연구자들은 나노플라스틱이 위에 머무는 동안 독소가 유기체로 옮겨 갈 가능성을 걱정한다. 비교적 큰 입자를 비롯해, 나노플라스틱은 조직, 기관, 세포에 침투할 수 있기 때문에 고도로 농축된 독소가 신체 깊숙이 스며들 우려가 있다.

세계 어디에서도 '나노플라스틱'을 공식적으로 화학물질로 분류한 나라는 없지만, 면역계에 들어간 플라스틱의 양에 따라 나노플라스틱과 비슷한 물질이 면역계에 영향을 미친다고 알려져 있다.

실험 조건에서 고농도의 나노플라스틱에 노출된 바닷말과 동물성 플랑크톤은 정상 개체보다 번식 속도가 느렸고 크기도 작았다. 고농도 나노플라스틱에 노출된 홍합은 무기력하고 천천히 자랐다. 나노플라스틱은 먹이사슬을 통해 위로 올라가기도 한다. 나노플라스틱은 이미 자연에 영향력을 뻗치고 있는데, 그 정도가 어느 만큼인지는 아직 분명하지 않다. 나노플라스틱 농도가 높을수록 이런 반응도 많아질 것이다. 분명한 결과가 나타나는 것은 시간문제.

유엔식량농업기구Food and Agriculture Organization of the United Nations(FAO)는 미세플라스틱과 나노플라스틱이 미래의 식량 안전에 위협이 될 가능성을 염려하고 있다.

↑ 나노플라스틱은 해양 유기체의 정상적인 행동을 변화시켜 해양 생태계 전체를 교란할 수 있다.

5

플라스틱이
가득한
행성

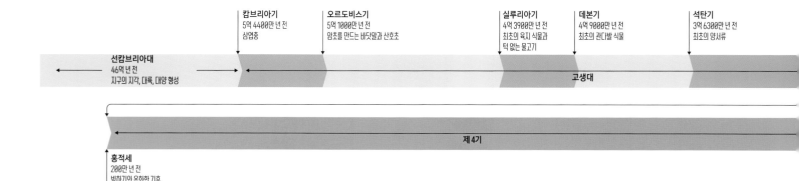

캄브리아기
5억 4400만 년 전
삼엽충

오르도비스기
5억 1000만 년 전
암초를 만드는 바닷말과 산호초

실루리아기
4억 3900만 년 전
최초의 육지 식물과
턱 없는 물고기

데본기
4억 9000만 년 전
최초의 관다발 식물

석탄기
3억 6300만 년 전
최초의 양서류

선캄브리아대
46억 년 전
지구의 지각, 대륙, 대양 형성

고생대

제4기

홍적세
200만 년 전
빙하기와 온화한 기후

지난 십 년간 모든 것이 빠르게 변화했다. 인간은 전에 보지 못했던 속도로 물건을 만들고 환경을 오염시켰다. 우리는 할 수 있는 모든 방법으로 자연과 기후에 점점 영향을 끼치고 있다. 지구는 더워지고 있고 산림은 파괴되고 극지방의 만년설이 녹으면서 해수면이 상승하고 있다. 배출된 모든 이산화탄소 중 4분의 1이 바다에 녹아 바다가 산성화되고 있다. 환경에 미치는 여러 영향 중에서도 바다의 산성화로 인해 산호초가 녹고 있다.

플라스티글로머리트

우리는 완신세Holocene를 살고 있다. 완신세는 1만 2000년 전, 기후가 따뜻해지고 안정됐을 때 시작되었다. 따뜻한 기후는 호모사피엔스에게 도움이 되었다. 호모사피엔스의 수는 점차 증가했고 마침내 지구의 가장 깊숙한 곳까지도 거주지로 삼았다.

2016년 8월 한 국제학회에서 지질학자들이 완신세에 공식적으로 작별을 고했다. 이제 우리는 인간이 지배하는 인류세Anthropocene를 살고 있다. 지질학적 시간표는 암석층을 기반으로 기期와 휴지기休止期로 나뉜다. 지구는 46억 년이 되었지만, 인간의 활동이 지구 전체에 영향을 미치기 시작한 것은 아주 최근의 일이다.

플라스틱은 자연에서 생성되지 않는, 인간이 만들어낸 물질이다. 이제 이 새로운 물질은 어디에나 있고 계속 쌓여가는 곳도 있다. 2014년 하와이 카밀로 해변에서 지질학자들은 한 형태의 돌을 발견하고 플라스티글로머리트라는 과학적 이름을 붙였다. 침전물이 뭉쳐진 덩어리를 부르는 지질학적 용어, 역암(콘글로머리트conglomerate)과 플라스틱을 합친 말이다. 녹은 플라스틱이 산호, 용암, 혹은 모래 등의 다른 물질과 합쳐져 영원히 변하지 않는 형태의 새로운 돌이 만들어졌다. 미래 세대는 우리 시대의 플라스틱 오염 때문에 플라스티글로머리트라는 돌의 연대를 쉽게 알아낼 것이다. 플라스틱은 지금 형성되고 있는 지질학적 지층의 전형적인 특성이 될 것이다.

지질학자처럼 고고학자도 플라스틱에 관해 할 말이 많다. 학자들은 21세기 초 암스테르담의 도시 명소를 관통하는 새 도시철도를 놓을 때 나온 물건 70만 개를 사진으로 찍어 문서화했다. 거기에는 1950년대의 부러진 칫솔에서부터 1960년대 장난감, 현대적인 담배 라이터까지 플라스틱으로 만든 물건과 잔해가 엄청나게 많이 포함되어 있었다. 모든 것이 그대로 쓰고 버리는 우리 사회의 모습을 비추는 거울이다. 지금이 아니라 수천 년이나 수백만 년 뒤에 도시철도를 파낸다면 아마도 굳어진 퇴적층에서 이 물건들이 화석으로 발견될 것이다.

← 단단하게 계속 쌓여가는 플라스틱 쓰레기 때문에 세계적으로 대도시 근처에 그 어느 때보다 큰 매립지들이 생기고 있다.

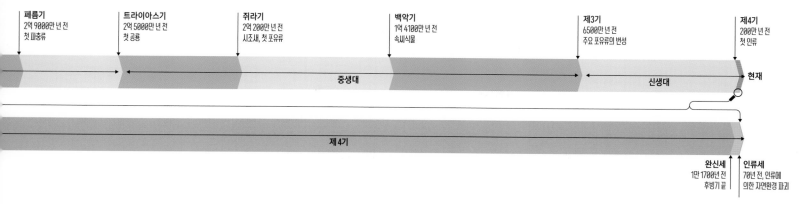

페름기	트라이아스기	쥐라기	백악기	제3기	제4기
2억 9000만 년 전	2억 5000만 년 전	2억 200만 년 전	1억 4100만 년 전	6500만 년 전	200만 년 전
첫 파충류	첫 공룡	시조새, 첫 포유류	속씨식물	주요 포유류의 변성	첫 인류

중생대

신생대

현재

제4기

완신세
1만 1700년 전
후빙기 끝

인류세
70년 전, 인류에
의한 자연환경 파괴

↑ 지질학적 연대에
서 인류세는 하찮을
정도다. 지구는 46억
년이 됐고, 플라스틱
은 겨우 50년 정도밖
에 되지 않았다.

63

→ 녹은 플라스틱이
섞인 플라스티글로머
리트는 이제 공식적
으로 인정받은 새로
운 종류의 암석이다.
하와이, 카밀로 해변.

지구상의 모든 생명체가 사는 지역, 생물권은 지구를 둘러싼 얇은 층이다. 이제 생물권 안에는 물에 떠다니는 플라스틱 조각에 사는 얇은 미생물층, 플라스틱권圈도 있다. 바다에 떠도는 플라스틱 쓰레기가 인간이 새로 만든 생태계가 되었다. 아무리 작은 미세플라스틱 근처라도 미생물체의 막이 생성돼 플라스틱 조각들이 작은 영양소 밀집 지역으로 변한다. 미세플라스틱이 자연에 오랫동안 그대로 남아 있다는 사실을 고려하면, 미세플라스틱도 잠재적 병원균을 포함해 박테리아를 퍼뜨리는 매개체가 될 수도 있다.

플라스틱권

미생물은 바다 수면에 떠다니거나, 떠다니는 물체에 달라붙는다. 물 위에 떠 있는 물체는 나무 조각이나 인간이 만든 플라스틱 조각일 수 있다. 미생물은 물에서보다 떠다니는 플라스틱 위에서 잘 번식하고 밀도가 훨씬 높다. 미세플라스틱 한 조각에 있는 미생물의 다양성은 놀라울 정도로 높아 무려 1000종의 유기체가 있을 정도다. 이를 플라스틱권圈이라고 부른다. 플라스틱권은 생명체들로 북적거리고 역동적이다.

최근에야 자세히 연구하기 시작했기 때문에 플라스틱권에 관한 사실은 많이 알려지지 않았다. 알려진 바로는 플라스틱권 세계의 구성은 바다마다 다르고 계절마다 변화한다. 플라스틱의 종류에 따라 차이도 있고 플라스틱이 얼마나 오랫동안 물에 떠 있었는지도 변수가 된다.

하지만 미생물이 플라스틱 조각의 표면을 어떻게 서식지로 삼는지는 분명하게 알 수 없다. 또한 플라스틱권이 해양 생태계에 어떤 영향을 끼치는지도 아직 알려진 바가 없다. 미생물이 플라스틱의 분해를 촉진할까? 미생물이 플라스틱에 올라탈 때, 하나의 생태계에서 다른 생태계로 옮겨 갈 때 이미 거기 살고 있던 종을 밀어내는 것일까? 플라스틱이 작은 조각으로 부서질 때 미생물 수도 증가할까? 동물성 플랑크톤과 다른 작은 유기체는 박테리아의 유입에 어떻게 반응할까?

플라스틱권에는 널리 퍼진 특이한 박테리아 집단이 있는데, 바로 비브리오 속 세균이다. 어떤 비브리오 종은 접촉하면 동물과 사람에게 질병을 일으킨다. 미국 과학자들이 대서양의 해양 플라스틱에 있는 비브리오에 관해 처음으로 보고했고 북해에서 39개, 발트해에서 5개의 미세플라스틱 표본을 분석한 독일 과학자들이 이 사실을 재차 확인했다. 거의 모든 표본에 풍화의 흔적이 보였고 다른 잠재 병원균을 포함한 몇 종의 비브리오가 있었다.

플라스틱 수프는 해양 생태계에 부담을 주고 있는 동시에 새로운 미생물 생태계를 만들고 있다. 이 현상이 어떤 결과를 가져올지 아무도 정확하게 예측할 수 없다.

→ 전자현미경으로 스캔한 대서양의 미세플라스틱 표면에 규조류 식물과 섬유형 미생물이 보인다.

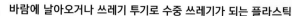
바람에 날아오거나 쓰레기 투기로 수중 쓰레기가 되는 플라스틱

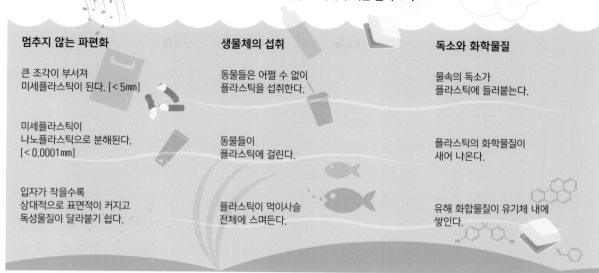

멈추지 않는 파편화

큰 조각이 부서져 미세플라스틱이 된다. [< 5mm]

미세플라스틱이 나노플라스틱으로 분해된다. [< 0.0001mm]

입자가 작을수록 상대적으로 표면적이 커지고 독성물질이 달라붙기 쉽다.

생물체의 섭취

동물들은 어쩔 수 없이 플라스틱을 섭취한다.

동물들이 플라스틱에 걸린다.

플라스틱이 먹이사슬 전체에 스며든다.

독소와 화학물질

물속의 독소가 플라스틱에 들러붙는다.

플라스틱의 화학물질이 새어 나온다.

유해 화합물질이 유기체 내에 쌓인다.

→ 물속에 있는 모든 플라스틱은 어떻게 될까? 바다뿐만 아니라 육지의 물속에서도 플라스틱은 똑같이 변화한다.

미세플라스틱은 공기 중에도 있다. 부서지고 있는 플라스틱 쓰레기, 합성섬유 의류, 카펫에서 나온 것들이다. 폐수 처리시설의 침전물을 슬러지라고 하는데, 슬러지도 공기 중 미세플라스틱의 근원이라고 할 수 있다. 슬러지가 비료로 땅에 뿌려지기 때문이다. 슬러지의 미세플라스틱은 바람 부는 날씨에 날리기 때문에 도시인은 해산물에서 섭취하는 것보다 호흡하면서 미세플라스틱을 더 많이 흡입할 것이다. 대기 중의 플라스틱 입자는 바람에 날아가거나 천천히 맴돌면서 땅에 떨어지는데 비슷한 과정이 물속에서도 일어난다. 미세플라스틱은 눈처럼 끊임없이 아래로 떨어지고 있다.

수중 플라스틱 침강량

파리시와 교외 지역, 두 곳에서 일 년 동안 미세섬유 침강량을 측정했다. 이 독특한 연구 결과는 2016년에 출판되었다. 매일 1제곱미터마다 2~355개의 미세섬유가 측정됐는데, 도시가 교외 지역보다 두 배 많았다. 미세섬유의 50퍼센트는 면이나 양모섬유, 21퍼센트는 천연 고분자물질이었고 17퍼센트는 완전히 플라스틱 성분이었다. 나머지 12퍼센트는 다른 물질과 플라스틱이 섞인 것이었다. 섬유의 구성을 보면 대부분 직물에서 나온 것처럼 보인다. 대기 중 섬유는 비가 올 때보다 건조한 날씨에 더 적다. 빗방울에 미세섬유가 섞이는 게 분명하다. 전반적으로 파리와 근교의 2500제곱킬로미터 지역에서, 매년 3~10톤의 합성섬유가 대기 중에서 강하하는 것으로 조심스럽게 추산하고 있다.

유출된 화학물질이 폐 깊숙이 침투하고 체내를 돌기 때문에, 호흡하며 마시는 미세플라스틱은 건강에 해롭다.

2014년 세계 여러 곳에서 해저에 있는 미세플라스틱 양을 조사한 과학자들은 마치 멈추지 않는 폭설 같다고 말했다. 플라스틱은 바닥으로 가라앉거나 수중에 떠돌아다닌다. 떠돌고 있는 플라스틱은 계속 잘게 부서지고 미생물이 붙어서 무거워지면 결국 바닥에 가라앉는다. 해저에 떨어지는 플라스틱 조각은 미니 눈송이 모형 같다.

과학자들은 인도양 해저 1제곱킬로미터마다 40억 개의 미세플라스틱이 있다고 추정한다. 수집된 플라스틱 고분자물질(대부분 섬유)은 포장, 의류, 전자 제품에 사용된 플라스틱이었다. 문제의 연구로 해저에서 발견된 미세플라스틱의 양이 심하게 오염된 수면보다 네 자릿수, 무려 만 배가 높다는 결론을 얻었다.

플라스틱 수중 침강을 맨눈으로 볼 수는 없지만 플라스틱 수프에는 이같이 유사 자연현상도 일어나고 있다.

미세플라스틱이 육지와 바다의 물을 오염시키고 있다. 미세플라스틱은 토지에서도 훨씬 큰 비중을 차지하는 오염원으로 의심된다. 서구 세계의 미세플라스틱 90퍼센트는 폐수에 버려지는 것으로 추정된다. 예를 들어 미세플라스틱은 가정하수뿐만 아니라 자동차 바퀴가 마모되면서도 나온다. 폐수 처리가 끝난 후 남는 하수 슬러지에는 엄청난 양의 미세플라스틱이 들어 있다. 대부분의 나라에서 슬러지를 비료로 사용하는데, 슬러지 비료 속 미세플라스틱이 흙에 섞인다. 비가 내리면 슬러지의 일부분이 씻겨 내려가 수로를 통해 결국 바다로 흘러 들어간다. 다른 미세플라스틱은 흙 속에 영원히 남는다.

슬러지, 흙, 퇴비

66 → 흙 속의 미세플라스틱은 모든 악영향의 원인이 되고 육지 생태계에 장기적으로 부정적 결과를 가져올 수 있다.

오염된 토양의 미세플라스틱이 식물과 동물에 어떤 영향을 미치는지는 거의 연구된 바가 없다. 지렁이가 미세플라스틱이 많은 곳에 노출됐다면 잘 자라지 못하고 일찍 죽는다. 게다가 미세플라스틱을 삼킨 지렁이는 땅속으로 깊이 파고들어가 배설하면서 미세플라스틱을 퍼뜨린다고 한다. 두 번째 충격적인 오염 전파 과정은 유기독소가 미세플라스틱에 흡착되고 흡착된 독소가 작물에 다시 흡수된다는 것이다.

전 세계적으로 플라스틱을 농사에 사용하고 있다. 재배 작물을 보호하기 위해 들판 전체를 플라스틱 비닐로 덮는다. 잡초를 막기 위해 땅을 덮는 데도 플라스틱 비닐을 사용한다. 그렇게 사용된 비닐을 모두 깨끗이 치울 방법이 없다. 땅을 갈다 비닐이 땅속으로 들어가기라도 하면, 플라스틱은 흙에 섞여 더 깊이 파묻히게 된다. 들판에 버려진 플라스틱 쓰레기라면 예외 없이 흙에 섞인다. 토양의 미세플라스틱 농도가 상상하기 어려울 정도로 높은 수준인 1퍼센트인 곳들도 있다.

퇴비용 하수도 슬러지 성분 규정에는 미세플라스틱에 대한 언급이 없고 비닐이 덮인 데서 밭을 갈거나 수확하는 일을 금지하는 말도 없다. 또한 퇴비의 구성 성분 규정도 필요한 기준에 못 미친다. 선진국에서는 부엌과 정원에서 나온 쓰레기와 갓길에서 베어낸 풀로 퇴비를 만든다. 퇴비 재료에는 플라스틱 쓰레기가 들어 있는 경우가 많다. 퇴비화 과정에서 커다란 플라스틱 조각은 제거되지만 작은 조각은 그대로 남아 있다. 비료 봉투 어디에도 미세플라스틱이 들어 있다고 표기되어 있지 않다. 미국과 유럽에서 매년 수십만 톤의 플라스틱이 땅에 버려진다.

여러분도 퇴비를 직접 만든다면 조심해야 한다. 원칙적으로 종이는 문제가 되지 않지만, 플라스틱 비닐 코팅이 되어 있는 경우가 많다. 티백도 나일론으로 만들었을 수 있고, 대부분의 바이오플라스틱도 높은 온도의 특정 시설에서만 분해되기 때문이다.

점점 심각해지고 있는 플라스틱 오염은
바다와 인간의 건강을 위협하고, 생물
다양성을 해치고 있다. 플라스틱 수프라는
말 그대로, 우리가 홍합이나 새우, 굴을 먹을
때 플라스틱이 접시에 담겨 나온다. 우리는
플라스틱으로 만든 옷을 입고, 플라스틱으로

오염된 땅에서 작물을 키운다. 플라스틱으로
음식과 마실 것을 포장한다. 공기 중에
플라스틱 먼지가 있어 호흡하면서 플라스틱을
마신다. 플라스틱 입자는 우리 몸속 깊은 곳까지
파고들고 있다. 이것이 몸속에 차곡차곡
쌓여서 만성 염증을 일으키는 것은 아닐까?

↓ 소년은 플라스틱 수프 한가운데서 행복하게 사진을 찍었지만, 건강에 얼마나 위험할지 모르고 있다. 필리핀, 마닐라.

위협받는 인간의 건강

인간은 먹이사슬의 꼭대기에 있고 해산물에 상당히 많이 의존하고 있다. 플라스틱이 그런 먹이사슬에 들어가고 있다. 플라스틱을 만들 때 넣었던 화학첨가물이 흘러나오고 일부가 인간과 동물의 호르몬 균형을 교란한다. 게다가 폴리염화바이페닐(PCBs)과 살충제인 DDT 같은 잔류 유기독소는 물속에서 플라스틱 입자에 달라붙는다. 첨가된 화학물질은 조직과 지방에 축적되는데, 생물증폭과정 때문에 먹이사슬에서 농도가 더 높아질 가능성이 크다[생물증폭은 먹이사슬을 통한 물질 농도의 증가를 의미한다. 지방 친화성이고 분해가 어려운 DDT나 유기수은, 폴리염화바이페닐 따위의 화학물질이 흡수된 경우 이 물질들이 먹이사슬을 거칠 때마다 점점 농도가 증가하여 축적된다. 식물학백과 참조—옮긴이]. 생명의 근원인 바다가 미세플라스틱에 달라붙은 병원성 박테리아로 인간을 병들게 할지도 모른다.

측정이 불가능한 나노플라스틱은 인체의 뇌와 다른 장기에 바로 침투할 수 있다. 게다가 나노플라스틱 조각에는 독소도 달라붙는다. 이것들이 면역계를 자극할까? 아무 데나 쌓일까? 미세플라스틱의 임계점이 되는 농도가 있을까? 만약 있다면 어느 정도의 농도일까? 나노플라스틱을 삼키지 않을 방법이 있기는 한 것일까? 나노플라스틱은 인체에서 만성 염증과 암, 알츠하이머를 비롯한 일련의 질병에 어느 정도까지 원인이 되는 것일까? 정수된 물에 나노플라스틱이 없다고 아무도 장담하지 못한다. 여러 대륙의 식수에 들어 있는 미세플라스틱을 연구한 결과에 따르면 80퍼센트가 넘는 표본에서 미세플라스틱 중 큰 조각들이 나왔다.

지난 몇십 년간 거의 모든 사람이 플라스틱은 비활성이고 주변 환경에 영향을 미치지 않는 순전한 물질이라고 생각했다. 그래서 플라스틱은 사람의 건강에 아무런 해가 되지 않고 안전하다고 여겼다. 사람들은 거리낌 없이 플라스틱을 사용했다. 이제 우리는 플라스틱이 점점 더 작은 덩어리로 부서지고 있고, 숨 쉬는 대기뿐만 아니라 세계 어느 곳에도 있다는 사실을 안다. 부서진 플라스틱 입자는 먼지 같고 플라스틱 먼지의 농축은 기약 없이 심각해지고 있다. 플라스틱이 위험하지 않다는 생각은 급격히 바뀌고 있다. 점점 더 많은 과학자가 경고의 종을 계속해서 울리고 있다.

69

잃어버린 낙원

호모사피엔스는 플라스틱으로 특별하게 이득을 본 유일한 종족이다. 플라스틱의 대량생산 시동이 걸렸던 1950년, 지구 인구는 25억 명이었다. 2017년 전 세계 인구는 75억 명이 되었다. 플라스틱은 사상 유례가 없는 인구 증가율에 얼마간 기여한 원인이기도 하다. 플라스틱 덕분에 상하지 않은 식품의 공급량이 늘어났다. 플라스틱은 닦기도 쉬워 위생 상태도 좋아졌다. 2050년에는 세계 인구가 100억 명으로 치솟으리라 예상한다.

← 플라스틱은 썩지 않기 때문에 갖다 버리는 것이 쉬운 해결책이다. 네팔의 매립지같이 점점 더 큰 매립지가 어디에나 생기고 있다.

급증하고 있는 지구의 인구는 메가시티로 몰려든다. 인구 천만 명이 넘는 메가시티는 대부분 해안에 있다. 개발도상국에서는 대도시의 성장을 거의 통제하지 못한다. 도시 거주자의 3분의 1이 판자촌에 사는 것으로 추산된다. 전형적인 빈민가는 쓰레기 처리 시스템을 비롯한 여러 기반시설이 부족하다. 해안에서 50킬로미터 이내 지역의 높은 인구밀도는 플라스틱 수프 문제를 설명하는 하나의 요인이다. 인도네시아 인구의 4분의 3, 필리핀에서는 80퍼센트가 넘는 인구가 해안에 거주한다. 이런 지역에서 나오는 쓰레기는 대부분 아무렇게나 버려진다.

리우데자네이루의 판자촌인 파벨라에는 체계적인 쓰레기 수거 시스템이 없다. 파벨라 지역에 리우데자네이루 인구의 4분의 1이 살고 있다. 750만 명이 버리는 쓰레기가 아무런 정수 처리 없이 구아나바라만으로 흘러간다. 구아나바라만으로 흘러드는 강줄기는 55개인데, 오염이 심해서 52개 강에는 생명체가 살지 않는다.

네팔의 수도 카트만두는 계곡에 있다. 아무 곳에서나 태우는 플라스틱 때문에 연기가 속속 스며들어 거의 사라지지 않는 스모그가 도시를 뒤덮고 있다. 여러 해 쓰레기를 갖다 버린 결과 성스러운 바그마티강 둑길을 따라 플라스틱 쓰레기가 수 미터씩 층층이 쌓여 있다. 태우지 않는 쓰레기는 도시에서 20킬로미터 떨어진 매립지에 갖다 버린다. 수백 마리의 독수리가 그 위를 맴돌고 있다.

유엔은 아프리카 쓰레기의 10퍼센트만이 제대로 버려지고 있다고 추정한다. 나머지는 그냥 버려두거나 태운다. 특히 플라스틱 비닐봉지는 심각한 골칫거리인데, 판자촌의 하수도는 비닐봉지 때문에 막히게 되고, 고여서 썩은 물은 말라리아모기가 번식하기에 완벽한 장소가 된다.

세차게 쏟아지는 폭풍우는 하수도와 도랑을 깨끗하게 씻어주었지만, 이제는 인분과 섞인 채로 쌓여 있는 비닐봉지 때문에 홍수가 되고 만다.

↑ 대부분 해안 국가들의 경우 인구 과잉 정도와 쓰레기 처리 시스템의 열악한 수준에 따라 플라스틱 수프에 끼치는 악영향 정도가 달라진다.

플라스틱 세

상 지도 밖에서

6

예술

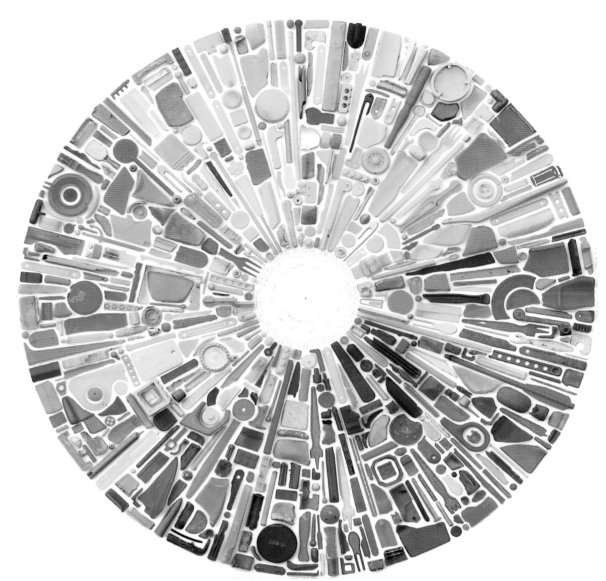

→ '시스템 축적',
2011년, 스티브 맥
퍼슨. 1994~2011년
사이에 영국 해변에
서 주운 색깔 있는 플
라스틱 조각을 가공
하지 않고 만들었다.
개인소장품.

예술 작품

해변에 밀려온 플라스틱은 모양도 색깔도
다양하다. 예술가가 이 재료로 아름다운
작품을 만드는 것은 놀랄 일이 아니다.
전 세계적 예술가들이 해변에서 주운
플라스틱으로 작품을 만들고 있다. 그 결과
심각한 메시지가 담긴 예술 작품이 탄생한다.

이런 예술 작품을 보는 관객은 플라스틱
수프를 의식하게 된다. 추상적인 예술 작품이
위협받는 해양 생물이나 지구라는 주제를
깨닫게 하는 경우가 많다. 쓰레기에서 색색의
아름다운 작품이 탄생하고, 작품 덕분에
관객들은 생각하게 된다.

← '쓰레기 지구'.
2012년 피터 스미스
가 물에 띄운 작품.

스티브 맥퍼슨은 20년 넘게 영국 켄트 북부 해안을 돌아다니며 쓰레기를 주웠다. 맥퍼슨은 주운 쓰레기로 작품을 만들었다. 그에게 해변의 쓰레기는 잃어버렸다 다시 찾은 물건이었다. 물건을 찾은 사람과 아마도 바다 건너편에서 물건을 버렸을 사람 사이에는 어떤 관계가 있다. 바다는 두 사람을 연결하고, 우리를 모두 연결해준다. 예술가는 자신만의 방식으로 그 관계를 해석한다. 어떤 물건의 이전 이야기는 결코 알 수 없지만, 그저 주운 물건을 바라보는 것만으로도 이전 주인을 생각하게 된다.

사회에 관심이 있는 예술가 피터 스미스는 매일 자전거를 타고 나가 거리에서 집게로 쓰레기를 줍는다. 주운 페트병 6000개로 2012년에 지구를 만들었다. 물에 뜨는 5미터 높이의 지구 모형은 여러 다른 도시 중 암스테르담에서 먼저 전시되었다. 물론 이 작품은 플라스틱 수프가 만들어지는 것을 반대한다는 의미다.

그러나 피터는 반대만으로는 충분하지 않다고 생각한다. "저는 쓰레기를 보고 불평하기보다 깨끗이 치웁니다." 만약 모든 '좋은' 사람들이 자신을 따라 하루에 적어도 하나의 쓰레기를 줍는다면, 플라스틱 수프와 플라스틱 쓰레기 문제는 곧 쉬운 문제가 될 것이라고 피터는 생각한다.

동부 아프리카 해안에 쓸려 온 고무 슬리퍼flip-flop 중 일부는 인도양의 먼 지역, 인도네시아에서 밀려왔다. 줄리 처치가 세운 벤처 기업 오션솔은 케냐 해변에 밀려온 신발을 수거한다. 예술가들은 신발을 원재료로 삼아 다채로운 색상의 작품을 만든다. 오션솔은 40만 개의 고무 슬리퍼와 샌들을 이런 식으로 매년 재활용하고 있으며, 현재는 100명을 고용해 일하고 있다. 오션솔은 거북이같이 인기 있는 해양 동물뿐 아니라 코끼리와 사자 같은 아프리카의 대표적인 동물을 만들어 관광객에게 판매한다.

→ 오션솔은 해변에 쓸려온 고무 슬리퍼를 모아 형형색색의 수제 동물 장난감과 조각을 만든다. 매년 동아프리카 해안에 몇 톤의 고무 슬리퍼가 밀려온다.

불편한 사진

↓ 벤저민 반본 웡은 1만 개의 플라스틱 병으로 바다에서 해안으로 떠밀려온 인어를 표현했다. 관심을 많이 받은 연작 중 하나다.

자연을 찍을 때 멋진 장면을 위해 쓰레기를 얼마나 많이 치웠느냐고 묻는 사람은 거의 없다. 수많은 사진에 찍힌 세상은 현실보다 훨씬 때 묻지 않고 깨끗해 보인다. 반면 플라스틱 수프에 관한 사진도 있다. 양심적인 시민의 마음에는 줄에 감겨 있는 동물이나

플라스틱 사이에서 헤엄치는 아이들, 쓰레기로 가득 찬 해변처럼 불편한 사진들이 새겨져 있다. 그런 사진이 없었다면 플라스틱 수프 문제는 심각성에 비해 훨씬 관심을 못 받았을 것이다. 이제 아무도 플라스틱 수프를 몰랐다고 말할 수 없다.

→ 우아한 찌르레기 떼처럼 보이지만 자세히 들여다보면 수천 개의 플라스틱 비닐봉지다. 덧없는 예술, 플라스틱 조각, '찌르레기들', 알랭 들롬, 2012~2014[덧없는 예술이라는 용어는 대부분 해프닝처럼 단 한 번만 구현되고 박물관이나 화랑에서 지속해서 보여줄 수 없는 예술 작품을 말한다―옮긴이].

2008년 마커스 에릭슨과 애나 커민스는 1만 5000개의 플라스틱 병으로 만든 뗏목을 타고 캘리포니아에서 하와이까지 88일 동안 항해했다. 그들은 플라스틱 수프를 연구하고 있었고, 독특한 방법으로 플라스틱 수프 문제에 관한 관심을 불러일으켰다. 현재 그들은 NGO 5대 환류 연구의 핵심 인력으로 일하고 있다. 에릭슨과 커민스는 뗏목을―쓰레기라고 하는 게 더 적절하겠지만―타고 항해하면서 물고기를 잡아먹었다. 어느 날 에릭슨은 참치방어의 창자를 제거하다 많은 플라스틱을 보았다. 충격적인 발견이었다. 그때 찍은 사진은 인쇄되어 수없이 많이 전시되었다. 사진은 많은 것을 말하고 있고, 세상을 일깨웠다.

그런가 하면, 찌르레기 떼가 구름처럼 몰려가는 모습은 자연에서 볼 수 있는 장관 중 하나다. 찌르레기 수천 마리가 세심하게 연출된 안무에 맞추어 춤추듯 대기를 가르며 날아간다. 프랑스의 사진가 알랭 들롬은 찌르레기 떼를 '찌르레기'라는 연작 사진의 모티브로 삼았다. 관객은 첫눈에 무리의 형태를 알아볼 수 있지만, 자세히 들여다보면 무리 지어 날고 있는 찌르레기 떼가 아니라 수천 개의 플라스틱 비닐봉지다. 사진마다 10만 개가 넘는 가벼운 플라스틱 비닐봉지로 꼼꼼하게 연출했다. 현실처럼 착각을 불러일으키는 트롱프뢰유 효과가 가슴에 깊이 와닿는다. 장엄하게 펼쳐지는 자연 현상을 찬양하는 대신 우리는 생태계의 재앙을 직면하게 된다. 경이롭고 순수한 자연의 군무가 갑자기 불길한 위협이 된다.

또 캐나다 사진작가 벤저민 반본 윌은 플라스틱 병 1만 개의 바다에 누워 있는 인어 사진 연작을 연출했다. 1만이라는 숫자는 평균적으로 한 사람이 평생 사용하는 페트병의 개수다. 이것이 플라스틱 수프처럼 지루하고 심각한 문제에 상상력을 불어넣는 작가의 방식이다. 그의 사진은 사람들이 생각하게 만든다.

→ 이 사진은 몸속에 플라스틱을 넣은 바닷물고기가 플라스틱 속에서 헤엄치고 있다는 사실을 있는 그대로 보여준다.

첫 번째 슈퍼마켓은 100년 전에 미국에서 생겼다. 계산대 뒤에서 손님을 맞는 대신, 손님이 직접 물건을 고르는 가게가 나타난 것이다. 시간이 지나면서 슈퍼마켓은 규모가 계속 커지고 효율적으로 운영되었다. 초대형 상점에서 파는 수천 종의 물건은 대부분 플라스틱 비닐로 포장되어 있다. 한 품목이 선반의 진열 공간을 몇 미터씩 차지하기도 한다. 세계적으로 점점 더 많은 사람이 물건을 멋지게 진열하고 구매를 부추기는 슈퍼마켓에 자주 가고 있다.

플라스틱 수우퍼마켓

↑ 전시되는 장소마다 인근에서 찾을 수 있는 플라스틱에 따라 플라스틱 수우퍼마켓 물건의 구성이 달라진다.

영국의 예술가인 루 매커디와 콜 행크스는 브링톤 해변에서 땅바닥에 굴러다니는 플라스틱 병, 병뚜껑, 포장지 등을 자주 보았다. 대부분 근처 슈퍼마켓에서 파는 물건의 포장지로, 물에 들어간 지 얼마 되지 않은 것들이었다. 어떤 물건이라도 한 품목의 포장지 수십 개를 쉽게 찾을 수 있었다. 이것이 가짜 슈퍼마켓이라는 기가 막힌 전시 아이디어가 되었다.

매커디와 행크스는 자신들을 '더러운 해변'이라는 이름으로 부르고 그들의 설치 작품을 트루코스트 슈퍼마아트 혹은 플라스틱 수우퍼마켓[풍자적으로 플라스틱 수프 + 슈퍼마켓을 합쳐 만든 말—옮긴이]이라 불렀다. 그때부터 두 사람은 유럽의 해변과 강에서 상자와 포장지를 모아 깨끗이 씻고 장난기 섞인 이름인 수우퍼마켓 선반에 진열했다. 수우퍼마켓은 낯익지만, 사람들에게 익숙한 슈퍼마켓과는 확연히 다르다.

매커디와 행크스는 낯익은 포장지에 새 라벨을 붙여 새로운 생명을 부여한다. 라벨에는 잘 알려진 선전 문구와 재미있는 광고가 섞여 있다. 매끄러운 모습 덕분에 모든 물건이 처음에는 새것처럼 보인다. 잠시 뒤 방문객은 진열된 물건이 무엇인지 알게 된다. 매력적으로 보였던 물건들이 갑자기 발칙하게 느껴진다. 던져버렸던 플라스틱이 바로 여러분 앞에 다시 진열된다면 어떨까? 버려진 플라스틱은 절대로 어딘가로 사라지지 않는다는 것을 깨닫게 될 것이다.

설치 전시는 다양한 곳에서 진행되었고 전시할 때마다 그 지역의 쓰레기를 사용했다. 쓰레기의 구성은 가는 곳마다 달랐다. 특정 지역에서 판매되는 물건과 그 지역 해변에 버려지는 쓰레기는 분명 관계가 있었다. 어린이를 비롯한 많은 관람객이 한층 더 깊은 메시지를 받았다. 플라스틱 수프는 여러분의 문간에서 시작되는 것이지 어디 멀리에서 생기는 일이 아니다.

↓ 하위스테데의 공방 학인Haak-In에서는 모자뿐만 아니라 사용했던 플라스틱 비닐봉지를 이용해 목걸이나 팔찌, 화병, 열쇠고리, 바구니, 의자 커버 같은 뜨개질 제품을 만든다.

제대로 쓰레기 수거 처리를 하지 않는 나라에서 플라스틱 쓰레기는 해결되지 않는 골칫거리다. 사람들은 창의적인 방법으로 쓰레기를 다시 사용한다. 녹인 플라스틱은 새로운 물건을 만드는 원재료로 쓸 수 있고 페트병을 태양열 집열기나 건축자재로 다시 사용한다. 이런 종류의 창의적 방법으로 고용을 창출하고, 수입을 발생시키거나 추가 지출을 절약할 수 있다. 무엇보다 환경 오염을 줄일 가능성이 생긴다. 이때 사용되는 플라스틱은 놀라운 예술 작품으로 새로운 생명을 얻을 수도 있다.

창조적인 재사용

2002년에 은퇴한 브라질 엔지니어 호세 알라노는 펌프나 전기 없이 100개의 페트병으로 태양열 집열기를 만들었다. 태양열 집열기는 누구나 직접 만들 수 있어 브라질에서 사람들이 많이 만들었다. 이 기계로 태양열을 모아 물을 42도까지 덥힐 수 있다. 병은 5년마다 교체하면 된다.

필리핀 마닐라의 빈민가에서는 1만 개의 페트병을 조명으로 설치했다. 병에 라임수를 채우고 지붕에 낸 구멍에 맞게 끼우면 창문이나 전기가 없어도 방을 환하게 밝힐 수 있다. 빗자루, 지붕 타일, 플라스틱 식기류처럼 다른 놀라운 활용 방법도 많다. 온라인에서 이 조명을 만드는 방법을 알려주는 영상을 쉽게 찾을 수 있다.

인도 타밀나두주에 있는 사마르판 재단은 플라스틱 병으로 집을 짓는다. 사용한 병을 모아 크기별로 분류하고 모래를 채워 넣는다. 그리고 뚜껑을 단단히 닫는다. 모래를 넣은 병을 벽돌 대신 사용하고 시멘트를 발라 바닥이나 벽을 만든다. 구조를 강화하기 위해 버리는 어망을 사용한다. 이렇게 하면 비싼 건축자재를 많이 쓰지 않아도 된다. 사람들이 스스로 자기 집을 지을 수 있고 지진도 방지할 수 있다.

가나에서 세 번째로 큰 도시인 쿠마시는 매년 1만 6000톤의 쓰레기를 배출한다. 레크노와 이니셔티브라는 가나의 NGO단체는 쓰레기를 매력적인 새로운 제품으로 만들고 동시에 환경 오염 문제와도 싸운다. 이 프로젝트로 130명이 넘는 사람들에게 일자리가 생겼고 1200명의 어린이에게는 버려진 플라스틱으로 만든 새 배낭이 생겼다. 케냐의 도시 키수무에서 활동하는 빅토플라스트라는 기업은 나무 버팀대 대신 플라스틱 쓰레기로 장대를 만든다.

플라스틱으로 예술 작품을 만드는 데는 한계가 없어 보인다. 암스테르담에 사는 코리 반 하위스테데는 아름다운 뜨개질 작품을 만든다. 그녀는 사람들에게 부탁해서 모은 플라스틱 비닐봉지를 길게 자른 다음 뜨개질해서 아주 아름다운 물건을 만든다. 2011년 찰스 무어 선장은 하위스테데의 모자를 하나 샀다. 태평양에서 '플라스틱 수프'를 발견한 무어 선장은 여러 행사에 그 모자를 쓰고 다녔다.

↓ 앤디 켈러는 비닐 봉지로 인해 생기는 쓰레기와 환경 오염에 대한 경각심을 일깨우기 위해 뉴욕 타임스퀘어에서 봉지 괴물 퍼포먼스를 했다.

플라스틱은 무대나 거리 혹은 비디오 클립에서 무한히 창의적인 방법으로 활용할 수 있는 유용한 소품이다. 예술가들은 모든 예술적 방법을 동원해 사람들이 플라스틱 수프에 관심을 갖도록 유도하고 있다. 사회참여형 예술가들은 대중의 소비에 맞서는 한 가지 방법으로 플라스틱 비닐봉지로 만든 옷을 입는다. 쓰레기로 만든 옷을 입고 나오는 패션쇼가 있고 안무가들은 물결의 리듬이나 바람에 따라 우아하게 움직이는 플라스틱에서 영감을 받는다. 창작품들은 아름다우면서도 불편하다. 보기에는 재미있지만, 기분이 완전히 좋지는 않다. 물론 그것이 바로 예술가의 의도다.

행위 예술

파도는 규칙적일 때도 있지만 때로 사납게 요동치고 어느 때는 거의 움직이지 않기도 한다. 춤도 마찬가지다. 아일랜드 안무가 마거리트 돈론의 쇼 '블루'에서 무용수들은 수백 개의 플라스틱 페트병을 세워놓고 가운데서 춤을 춘다. 종잇장처럼 얇고 커다란 비닐 막 아래로 바람이 불어 비닐 막이 파도처럼 움직인다. 무용수들이 플라스틱 바다에 빠지는 것처럼 보인다. 어떤 무용수는 자신의 목을 옭아맨 비닐에서 벗어나려고 몸부림치지만 소용없다. 마지막에 겨우 한 명만 간신히 탈출한다. 2011년 이 발레 공연장에는 슬픈 첼로 음률이 가득 울려퍼졌다.

사회운동가 앤디 켈러는 500개의 플라스틱 비닐봉지로 옷을 만들어 입고 자신을 봉지 괴물이라 불렀다. 500도 의도적인 숫자다. 평범한 미국인이라면 일 년에 500장의 비닐봉지를 사용한다. 켈러는 시애틀과 다른 도시에서 "봉지 괴물에게 먹이를 주지 마세요!"라는 팻말을 들고 밖으로 나갔다. 켈러는 이런 방법으로 플라스틱 비닐봉지의 어두운 면을 보여주고 비닐봉지 사용을 금지하자고 강력하게 주장했다.

수중 연기자이자 영화 제작자인 크리스틴 렌은 '맹점'이라는 작품에서 안대로 눈을 가렸다. 그녀가 물속에서 걷는 동작을 하면서 쇼핑카트를 밀어버리자 갖가지 플라스틱 포장지가 카트에서 튀어나온다. 포장지가 물속에 퍼지면서 플라스틱 수프가 만들어진다. 렌은 소비자의 일상 쇼핑과 플라스틱 수프를 직접 연결해 보여준다. 쇼핑카트는 채워지지 않는 소비 충동을 나타내고 눈가리개는 우리의 무지 혹은 어떤 일이 벌어지고 있는지 인정하지 않으려는 자세를 상징한다. '맹점'에서 크리스틴 렌은 사람들에게 플라스틱 쓰레기를 만들지 말라고 요청한다.

→ 마거리트 돈론은 플라스틱 수프에 대한 경각심을 불러일으키기 위해 '블루'라는 공연을 기획했다. 마거리트는 다양한 방식으로 플라스틱을 안무에 활용한다.

전시

전시회 큐레이터는 늘 뭔가를 이루려고 한다. 전시회에 온 관객은 놀라고 감동하고 무언가를 배우거나 생각해야 한다. 플라스틱 수프가 주제인 전시회를 찾아온 관객에게는 어떤 일이 벌어질까? 전시 작품이 그 자체로 기발하게 잘 만들어졌어도 우리가 플라스틱으로 바다를 오염시키고 있다는 메시지는 절대로 즐겁지 않다. 관객들은 작품의 메시지를 억눌러버릴까, 아니면 대신에 뭔가 행동하려고 서두를까? 해양 오염에 대한 전시가 점점 늘어나면서 분명히 사람들의 인식이 크게 높아지고 있다.

→ 바다와 수로의 플라스틱 오염을 깨닫게 하려고 바닷가에 밀려온 플라스틱으로 실물보다 큰 비늘돔 같은 해양 동물 조각을 만들었다.

↑ 1000개가 넘는 해양 플라스틱으로 만든 '도둑맞은 풍요'는 어디에나 있는 플라스틱 쓰레기를 '낭비된 풍요의 뿔'이라고 부른다.

스위스 취리히 디자인 미술관 디렉터 크리스티안 브랜들은 2009년 기사를 읽고 플라스틱 수프를 전시회의 주제로 삼기로 했다. 그는 세계 여러 곳에 바다 플라스틱 쓰레기를 미술관으로 보내달라고 했다. 하와이에서도 플라스틱 쓰레기가 가득 찬 컨테이너가 왔다. 2012년 〈먼바다로? 플라스틱 쓰레기 프로젝트〉 전시회가 열렸다. 관람객들은 들어서자마자 엄청나게 쌓인 플라스틱 쓰레기를 보았다. 전시된 쓰레기는 전시 당시에 바다에 매일 버려지는 분량으로 추정했던 양이었다. 대단히 많은 관객이 전시회를 찾았고, 그때부터 브랜들은 세계 미술관을 돌며 전시하기 시작하여 지금까지도 계속하고 있다.

알래스카에 있는 앵커리지 박물관은 2014년에 〈환류:플라스틱 바다〉라는 전시회를 열었다. 전시품 중 하나인 '검은 풍요의 뿔'은 팸 롱고바디의 작품이다. 정상적이라면 풍요의 뿔에는 땅에서 나는 모든 좋은

것이 흘러넘쳤겠지만, 이 뿔은 바다에서 깨지고 부서진 공과 장난감, 오염되어 쓰디쓴 열매로 채워졌다. 작가는 물에 밀려온 플라스틱이 소비에만 초점을 맞춘 세계적인 자본주의 사회의 세태를 반영하고 있다고 보았다.

2010년 앤절라 헤이즐턴 포지가 오리건에 설립한 '워시드어쇼어'는 해양 동물 조각을 실물 크기나 그보다 더 크게 만들었다. 조각된 동물은 플라스틱 수프에 영향을 받는 거북, 새, 물고기, 물개 등이다. 조각들은 오로지 근처 해변에서 주운 플라스틱으로만 만들었다. 자원봉사자들이 해변에서 주워 깨끗이 씻어 분류한 플라스틱 조각들이다. 2017년 포지와 그녀의 팀은 21톤의 해양 쓰레기를 가지고 70개의 조각 작품을 만들어 순회했다. 워싱턴 DC의 국립동물원에서도 전시회를 열었는데, 이 전시회에서는 살아 있는 동물들 앞에 똑같은 크기의 플라스틱 동물 조각을 세웠다. 포지는 해변이 다시 깨끗해질 때까지 활동을 멈추지 않겠다고 다짐했다.

7

믿음과 희망
사이에서

해양 청소

태평양에 플라스틱이 잔뜩 모여 있는 곳을 태평양 거대 쓰레기 섬이라고 표현하는 경우가 종종 있다. 말만 들으면 떠 있는 쓰레기 섬이 떠오르고 거기로 가서 쓰레기를 멀리 치워버리면 되겠다는 생각이 든다. 사실 쓰레기로 만들어진 섬은 없지만, 시간이 지나면서 플라스틱 수프를 청소하기 위해 선박을 이용하거나 무인 시스템을 사용하는 등의 다양한 발상이 제시되었다. 이런 새로운 계획들은 플라스틱 수프에 대한 큰 관심을 불러일으켰다. 많은 창의적 발상 중에서도 네덜란드의 보얀 슬랫이 만든 오션클린업이 가장 많이 알려져 있다.

→ 강에서 공기 거품
으로 장벽을 만든다.
네덜란드의 그레이트
버블배리어는 플라스
틱의 80퍼센트를 강
에서 수거하는 발명
품을 만들었다.

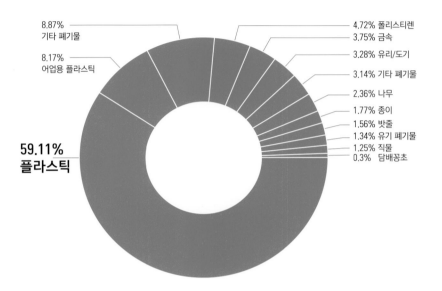

8.87%
기타 폐기물

8.17%
어업용 플라스틱

59.11%
플라스틱

4.72% 폴리스티렌
3.75% 금속
3.28% 유리/도기
3.14% 기타 폐기물
2.36% 나무
1.77% 종이
1.56% 밧줄
1.34% 유기 폐기물
1.25% 직물
0.3% 담배꽁초

↑ 해양 쓰레기의
60~90퍼센트는 플
라스틱이다. 쓰레기
는 버려진 그물, 플라
스틱 비닐봉지, 물병,
컵 등 다양하다.

보얀 슬랫은 고등학생일 때 긴 방재 울타리를 띄워 떠다니는 플라스틱 쓰레기를 수거하는 시스템을 생각해냈다. 울타리를 바닥에 묶어 고정하면 물은 울타리 밑으로 흘러가고 수면의 플라스틱은 확실히 울타리 안으로 모인다. 울타리를 양쪽으로 벌리면 V자가 되고, 플라스틱은 V의 가운데로 흘러든다. 태양열 에너지로 가동하는 시스템이 물에서 플라스틱을 건져내면, 정기적으로 배가 바다로 나가서 쓰레기를 수거한다.

해양학자와 다른 전문가 들은 이 발상을 아무래도 회의적으로 보고 있다. 바다 한가운데 환류에 플라스틱이 몰려들기는 해도 떠다니는 플라스틱의 비율은 낮다. 나머지 플라스틱은 가라앉았거나 더 깊은 물에서 떠돌고 있다. 수백 킬로미터의 물 위에 떠 있는 방재 울타리 시스템만으로는 해양의 흐름을 견디기에 약하고 방재 울타리는 바닥에 제대로 고정하기 힘들다.

보얀 슬랫은 반복 점증개발 공학법[초기에 시스템 전체를 일차로 개발하고 난 후 각 서브시스템의 기능과 성능을 변경 및 보강하여 완성도를 높이는 개발

방법—옮긴이]을 고수하고 있다. 슬랫 팀은 단계별로 수거 시스템 개념을 개선하고 있다. 시제품을 실험실과 바다에서 시험해본 결과, 기본 개념부터 완전히 수정해야 한다는 결론이 나왔다. 해수면과 수백 미터 깊이의 해류 속도 차이를 이용하면 훨씬 더 크기가 작은 수거 시스템도 스스로 바다에 닻을 내릴 수 있다. 그리고 특수 장벽을 설치하면 수표면 몇 미터 내의 플라스틱을 수거할 수 있다. 슬랫의 장치는 플라스틱이 흘러가는 장소로 자연스럽게 흘러간다. 즉 플라스틱이 가장 많이 모이는 곳으로 따라가는 것이다. 원래 디자인보다 이 모델이 훨씬 효율적이라고 본 슬랫은 2017년 5월, 5년 안에 플라스틱 수프의 절반을 청소할 수 있다고 발표했다.

플라스틱을 모두 바다에서 건져낸다면 그것들은 미세플라스틱으로 부서지지 않을 것이다. 만약 오션클린업이 기술적인 부분에서뿐만 아니라 경제적으로도 타당성이 검증되면 이득은 예상하기 어려울 정도로 클 것이다. 물론 해양 청소와 더불어 더는 바다로 플라스틱이 흘러들지 않는다는 전제도 빼놓으면 안 된다.

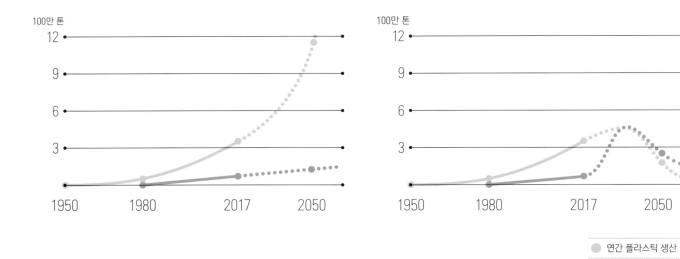

재활용

세계 경제는 채취(기본 자원), 생산(가능한 한
물건을 많이 생산함), 폐기(쓰레기 처분)라는
세 가지 특성이 있다. 그 결과 자연자원이
고갈되고 환경 문제가 발생했다. 플라스틱
수프는 환경 문제 중 하나에 지나지 않는다.
자연은 우리에게 쓰레기라는 것은 없음을
가르쳐준다. 나무가 죽으면 뒤이어 자라는
나무의 자양분이 된다. 그러므로 우리는 모든
주기가 고리 모양으로 연결된 형태인 순환
경제를 향해 나아가야 한다. 순환 경제는
재활용 없이 이룰 수 없다. 하지만 플라스틱
재활용은 복잡하고 문제가 많다.

→ 1950년부터 버
려진 플라스틱의 9퍼
센트만이 재활용되었
다. 나머지 91퍼센트
는 매립지에 버려져
소각로에서 가스로
배출되거나 바다에
버려졌다.

← (좌)우리는 지금부터 플라스틱을 어떻게 다루어야 할까? (우)이대로 계속한다면, 아니면 생산과 소비를 줄이고 재활용한다면?

순환 경제라면 사용한 쓰레기 수거율이 100퍼센트이고 수거된 물건은 원래와 동일한 물건을 만드는 데 사용된다. 그러나 오늘날 세계적으로 버려지는 플라스틱은 아주 적은 양만 재활용된다. 상당한 양의 플라스틱 쓰레기가 소각되거나 매립지에 버려진다. 사용한 플라스틱을 수거하려면 적절한 기반시설이 필요한데, 대부분 지역에는 처리시설이 없다. 미국조차 플라스틱 쓰레기의 90퍼센트가 수거되지 않고 그냥 매립지에 버려진다.

설령 수거한 플라스틱을 원자재로 다시 사용한다고 해도, 다른 문제가 남아 있다. 수거한 플라스틱마다 종류가 달라서 재사용하기 전에 분류하기가 매우 까다롭다. 포장재 재활용이 특히 복잡하다. 포장재는 단순하게 다른 포장재로 사용할 수 없다. 결국 업사이클링이 아니라 다운사이클링이 되어버린다. 재활용된 포장재는 원래 포장재보다 질이 떨어지고, 사용하고 난 뒤에도 결국 버리거나 소각한다. 그래서

똑같은 제품을 만들기 위해 석유에서 뽑은 새 플라스틱을 사용하는 것을 선호할 수밖에 없다.

재활용업자는 플라스틱 쓰레기의 성분을 일일이 알지 못한다. 가령 전자 제품에 사용된 플라스틱에는 발화지연제가 들어 있다. 재활용으로 이런 독성물질이 장난감 같은 새로운 제품에 들어갈 수 있다. 독성물질이 확실하게 제거된 제품을 만드는 것이 순환 경제에서 해결해야 할 매우 어려운 문제다.

재활용이 활성화되면 자연에 버려지는 플라스틱이 줄고 주요 원자재인 석유의 수요도 줄어들 것이다. 진정한 해결책은 플라스틱 사용을 급격히 줄이는 데서 찾아야 한다. 플라스틱을 불가피하게 사용하는 곳이라면 가능한 한 많이 재활용해야 하지만, 그것만으로는 플라스틱 순환 시스템을 만들 수는 없다. 사용한 플라스틱도 일종의 경제적 가치가 있어야 한다. 결국 사용한 플라스틱을 모으고 재활용하는 것이 경제적으로 이득이 되어야 한다.

플라스틱은 석유 대신 옥수수, 사탕수수, 감자 같은 자연 재료로 만들 수 있다. 바이오플라스틱은 현재 식품 포장재, 일회용 텀블러, 봉지를 만드는 데 사용된다. 하지만 자연에 버려진 바이오플라스틱은 일반적인 플라스틱과 똑같다고 할 수 있다. 바이오플라스틱은 퇴비로 만들 수 있지만, 섭씨 65도에서 작동하는 별도의 시설에서 분해될 뿐이다. 짧은 시간 안에 자연적으로 완전히 분해되는 플라스틱이 개발되지 않는 한, 아쉽게도 바이오플라스틱은 플라스틱 수프나 플라스틱 쓰레기를 줄이는 해결책이 되지 못한다.

바이오플라스틱

↓ 네 개 영역 중 세 영역에서 바이오플라스틱이라는 용어를 써서 혼란스럽다.

석유로 만든 플라스틱에 비하면 바이오플라스틱의 판매량은 현재 매우 적지만 곧 달라질 것이다. 많은 회사가 원자재를 석유에 의존하기보다는 바이오플라스틱으로 바꾸고 싶어 한다. 코카콜라는 페트병 플라스틱 수지의 30퍼센트를 식물성 원료로 만든 플랜트보틀을 소개했다. 플랜트보틀은 재활용할 수 있지만 자연적으로 분해되지는 않는다. 바이오플라스틱이라는 용어가 얼마나 혼동을 일으키는지 잘 보여주는 사례다. 바이오플라스틱이라는 것이 바이오 물질로 만들었을 뿐 일반적인 플라스틱과 똑같은 플라스틱을 의미하는 걸까? 아니면 진짜로 생분해되는 플라스틱을 뜻하는 걸까?

소비자 입장에서 바이오플라스틱은 제대로 처리하기가 매우 어렵다. 퇴비 더미에 던져놓아도 되는 플라스틱은 어떤 것이고 안 되는 것은 무엇일까? 아무리 의도가 좋아도 바이오플라스틱과 일반 플라스틱을 섞어놓으면 재활용하기에 더 어려워지는 것은 아닐까? 음식물 쓰레기와 정원 쓰레기로 비료를 만드는 회사도 이 문제를 안고 있다. 일반 플라스틱과 바이오플라스틱으로 오염되어서 퇴비를 만드는 과정에서 문제가 생기곤 한다. 그래서 일부 비료회사는 아예 플라스틱을 모두 제거하기도 한다.

소비자들이 산화분해성 플라스틱을 환경에 좋다고 생각해버리면 상황은 더욱 나빠진다. 이런 종류의 플라스틱은 산소와 접촉하면 눈으로 볼 수 없을 정도로 작은 입자로 빠르게 분해된다. 분해된 입자는 화학적으로 더 분해되지 않고 자연에 그냥 남아 있게 된다.

플라스틱 수프를 해결하기 위한 힘겨운 싸움에서 던져야 할 핵심 질문은 바이오플라스틱이 정말로 낮은 온도의 물에서 산소와 약간의 햇빛만으로 화학적으로 분해되는지 여부다.

다른 환경적 요인도 식물성 소재의 플라스틱을 선택하는 데 중요한 역할을 한다. 바이오플라스틱은 일반적으로 낮은 이산화탄소 배출량과 관련짓는다. 석유로 만든 페트병의 대안인 식물 기반 대체 물질 페프polyethylene furanoate(PEF)는 페트병보다 좋은 특성이 있어 식품을 오래 신선하게 보관한다. 생물자원인 바이오매스로 플라스틱을 만들 때 석유를 전혀 사용하지 않지만, 바이오매스 때문에 경작지가 많이 필요해진다.

생물자원

바이오플라스틱 | 바이오플라스틱

비분해성 —— 원료 —— 생분해성

일반 플라스틱 | 바이오플라스틱

석유화학

→ 플라스틱을 석유로 만드는 장비를 갖춘 배가 생긴다면 외딴 해안에 가서 플라스틱을 청소하는 것도 사업이 될 수 있을까? 스코틀랜드, 스코리.

플라스틱은 석유로 만든다. 플라스틱 쓰레기를 석유로 바꾸는 방안은 이미 낡은 방법이다. 이것을 플라스틱 연료라고 부른다. 거대한 시설에서 플라스틱을 녹여 산소가 없는 상태에서 고온으로 플라스틱을 가스로 만든다. 플라스틱 가스를 냉각하고 응축시키면 쓸 수 있는 연료가 된다. 열분해 방법은 플라스틱 수프 문제에서 약간의 희망적인 해결책이 될 수 있다. 이 기술을 만약 소형 이동시설에서 사용할 수 있다면 희망은 더욱 커질 것이다. 소형 열분해 장치가 만들어진다면 배나 트럭에 실어 엄청난 쓰레기가 있는 곳으로 가져갈 수 있을 것이다.

플라스틱을 연료로

플라스틱을 석유로 바꾸는 시스템은 세계 여러 곳에서 운영되고 있다. 개발도상국에서는 거대한 규모의 시스템에 중점을 둔다. 재활용하기 어려운 플라스틱을 처리하는 대안이다. 이때 지속적인 플라스틱 쓰레기의 공급과 공급되는 플라스틱의 종류가 문제가 될 수 있다. 모든 플라스틱이 처리 가능한 것도 아니고 오염된 유기물질은 처리 공정에 해가 된다.

매립지를 사용하는 나라나 지역 쓰레기 처리장이 부족한 나라에서는 기존 시스템보다 작은 플라스틱 연료 시스템을 생각해볼 수 있고, 이는 플라스틱 없는 환경을 만드는 데 도움이 될 것이다. 그러나 아직 개척 단계인 기술이고 벌써 사업을 포기한 회사가 많다.

인도의 한 지역인 푸나에서 메다 태드패트리카는 모든 종류의 플라스틱을 연료로 바꾸는 시설을 설계했을 뿐만 아니라 루드라 환경 솔루션을 설립했다. 루드라는 1만 가구에서 플라스틱을 수거해 연료로 변환한 후에 병에 넣어 122개 마을에 판매한다. 루드라의 시스템은 쉽게 작동된다.

폴리그린테크놀로지앤리소스의 필리핀 발명가 제이미 나바로는 2008년에 특허를 냈다. 그의 특허 기술은 비교적 단순한 방법으로 쓰레기를 석유로 바꾸는 것이다. 리살주의 로드리게스에 있는 그의 공장에서 원유보다 더 깨끗하고 싼 연료를 만든다. 구할 수 있는 플라스틱 쓰레기가 남아돌기 때문에 생산 가격이 낮다.

제임스 E. 홀름 선장은 캘리포니아 산타크루즈에 클린오션인터내셔널을 세웠다. 홀름 선장은 에코퓨얼테크놀로지의 화학자 스와미너선 라메시와 함께 비교적 낮은 온도에서 작동하는 소형 이동 반응기를 개발했다. 해변에 밀려오는 플라스틱은 원칙적으로 물에 뜨는 플라스틱이다. 마침맞게도 가볍고 물에 뜨는 플라스틱은 그들이 특허 낸 공정에 가장 적합하다. 원유 가격에 따라 반응기는 단 몇 해 안에 비용을 회수할 수 있다. 홀름의 목표는 플라스틱이 많이 밀려와 쌓이는 곳이라면 어디든지 반응기를 갖춘 배를 보내는 것이다.

해양 플라스틱으로 만든 제품

바다의 플라스틱 쓰레기는 새로운 물건의 원자재로 쓰인다. 사람들이 해양 플라스틱으로 만든 물건을 사면 플라스틱 수프 문제를 해결하는 데 도움이 된다. 바다를 구하기 위해 해양 플라스틱으로 물건을 만든다. 이런 발상이 여러 회사에서 많이 사용하는 단순한 비즈니스 모델이다. 정말 그럴까? 아니면 사람들이 이런 제품을 구매하는 것이 해양 플라스틱 제품을 파는 회사의 대중적 이미지만 개선하는 데 그치고 말까? 여러분은 전적으로든 혹은 부분적으로든 해양 플라스틱이 들어간 신발, 서핑보드, 안경, 샌들, 카펫타일, 액체비누 병을 이미 샀을 수도 있다. 해양 플라스틱으로 만든 물건이 계속 많아지고 있다.

필리핀 긴다펜섬의 어부는 낡은 나일론 어망을 건지기 위해 잠수한다. 그물을 건지는 이유는 버려진 그물이 산호초를 망가뜨리기 때문이다. 어부들은 물속에서 건져낸 어망의 값도 받고 어장도 회복시킨다. 네트워크스프로그램이라는 단체는 나일론 어망을 더미로 묶어 슬로베니아의 공장으로 보낸다. 슬로베니아의 인터페이스는 어망을 공장에서 가공해 카펫타일의 재료로 사용한다. 인터페이스는 모든 카펫 타일에 100퍼센트 재활용 재료를 쓰는 것이 목표다. 네트워크스프로그램은 매우 성공적이고 다른 나라까지 이미 확대되었다.

독일 회사 아디다스는 2015년 6월 오션 신발 모델을 선보였고 고품질의 현대적인 스포츠 신발에 해양 플라스틱을 사용하겠다고 약속했다. 2년 후 울트라 부스트 신발의 세 가지 버전이 대량생산되었다. 신발 한 켤레에 플라스틱병 11개가 사용된다. 신발에 사용되는 플라스틱은 해양환경 보호단체 팔리포디오션스에서 하는 해변 청소를 통해 공급한다. 아디다스는 해양 플라스틱으로 신발뿐만 아니라 스포츠 셔츠 2억 5000만 장을 만들었다.

스웨덴 패션 기업 H&M은 2017년 컨셔스 익스클루시브라는 컬렉션을 공개했다. 바다에서 건진 재활용 플라스틱이 들어간 지속 가능한 재료로 이 컬렉션의 모든 의류 품목을 만들었다.

이런 회사들은 수많은 사람에게 알려져 있고, 플라스틱 수프에 대한 인식을 키워나가고 있다. 하지만 페트병과 어망의 나일론만이 재활용에 적합하기 때문에 해양 플라스틱의 아주 적은 양만 사용할 수 있다. 해양 플라스틱을 특별히 수집하고 가공해서 고품질의 물건을 만드는 일은 어렵고 비용도 많이 든다. 플라스틱 수프의 진지한 해결책이라는 관점에서 보면 이런 물건은 기껏해야 수박 겉핥기식일 뿐이다. 사실 해양 플라스틱으로 만든 옷을 사면 플라스틱 수프 현상을 가속하게 된다. 결국 세탁할 때마다 수십만 개의 플라스틱 섬유가 다시 물속에 방출되기 때문이다.

플라스틱 수프에 대한 인식이 확대되면 구매 행동도 변화될 것이다.

←↓ 해양 플라스틱으로 만든 물건이 소비자의 인식을 개선하는 데 도움이 되는 것은 부인할 수 없지만, 플라스틱 수프 해결에 미치는 영향은 거의 없다.

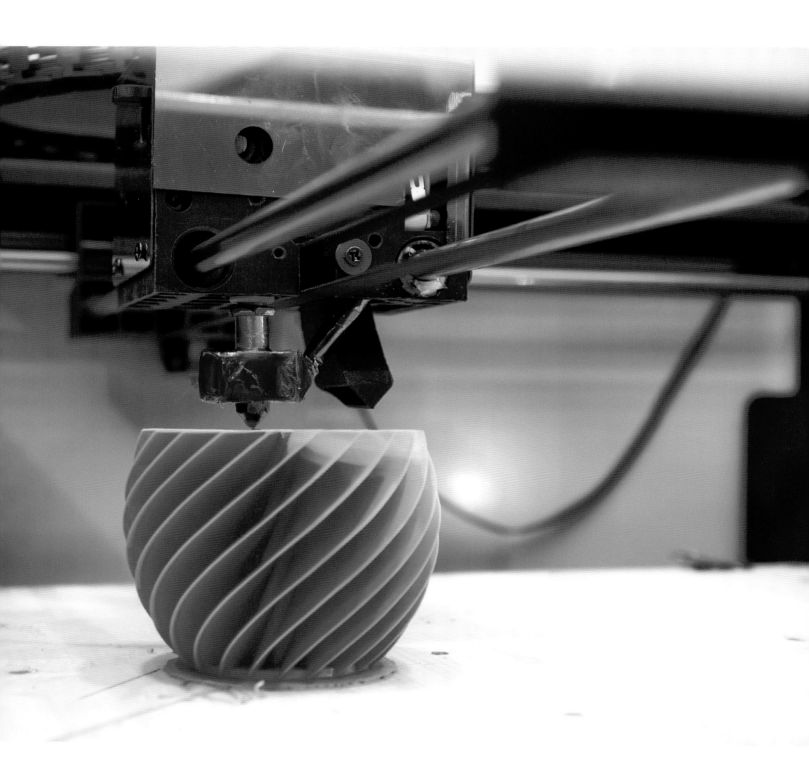

↑ 3D 프린팅에 재
활용 플라스틱을 사
용하면 쓰레기에 부
가가치가 생긴다. 플
라스틱 쓰레기를 넣
으면 가치 있는 물건
이 나온다.

플라스틱에 가치를 더하다

플라스틱은 싸고 아주 쓸모가 많지만, 쓰레기로선 가치가 없다. 플라스틱 수프 문제를 해결하는 핵심 무기는 플라스틱 쓰레기에 가치를 더하는 일이다. 만약 그럴 수만 있다면 플라스틱을 깨끗하게 쓰고 모으고 재활용할 것이다. 부가가치가 생기면 경제적인 면뿐만 아니라 사회적 생태학적 가치 또한 커진다. 아무런 가치가 없던 플라스틱이 고용을 창출하고 소득도 늘려줄 것이다. 플라스틱 쓰레기에 가치가 생기면 더 깨끗한 환경을 만드는 데 도움이 되고 플라스틱이 바다에 버려지는 일을 예방할 수 있다. 수많은 창의적 발상으로 이 목표를 이루기 위해 노력하고 있다.

데이비드 카츠가 캐나다 밴쿠버에 세운 플라스틱뱅크는 사회적 책임 프로그램 중 하나로, 기업이 플라스틱을 구매하게 하는 재활용 플라스틱 쓰레기 시장을 만들었다. 플라스틱뱅크는 쓰레기 수거시설이 없는 곳의 가난한 주민들이 스스로 쓰레기를 모으도록 권장한다. 주민들이 플라스틱을 가져오면 요리할 때 필요한 연료나 핸드폰을 충전할 기회를 주는 식이다. 소비자들은 기업에 '사회적 플라스틱'을 더 많이 사용하라고 요구하고 있다. 이런 일이 많아질수록 플라스틱 쓰레기의 가치는 높아진다. 플라스틱 쓰레기의 가치가 높아진다면 바다로 들어가는 쓰레기가 줄어들 테고 보상이 많을수록 플라스틱을 모으는 사람에게 돈이 더 많이 돌아가게 된다.

네덜란드의 데이브 하켄스는 '소중한 플라스틱'이라는 해결책을 내놓았다. 그는 누구라도 세계 어디에서나 자신만의 미니 재활용회사를 시작할 수 있다고 생각한다. 하켄스는 간단한 기계를 만들었다. 하나는 플라스틱 쓰레기를 작게 자르고 다른 기계는 플라스틱 조각을 녹인다. 녹인 다음에는 두 가지 방법이 있다. 녹은 플라스틱을 틀에 넣어 쓸모 있는 물건을 만들거나 3D 프린터에 사용하는 필라멘트로 만들 수 있다. 그가 만든 장치는 설계도를 온라인에서 구할 수 있고 조립하기도 쉽다. 이렇게 해서 플라스틱 쓰레기로 새로운 물건을 만들어 팔고 싶은 사람들에게 사업 진입 문턱을 낮췄다. 그의 아이디어는 현재 세계 곳곳에서 사용되고 있다.

2012년 수치스미타와 자얀트 파이는 인도 푸나에서 프로토프린트라는 사회적 기업을 시작했다. 쓰레기 줍는 사람들이 플라스틱을 팔고 받는 돈은 아주 적었다. 쓰레기 줍는 사람들을 대변하는 조직과 함께 프로토프린트는 플라스틱병으로 3D 프린팅 필라멘트를 생산하는 시설을 만들었다. 일반적으로 생산되는 필라멘트와 똑같은 품질의 필라멘트를 만드는 것이 그들의 과제다.

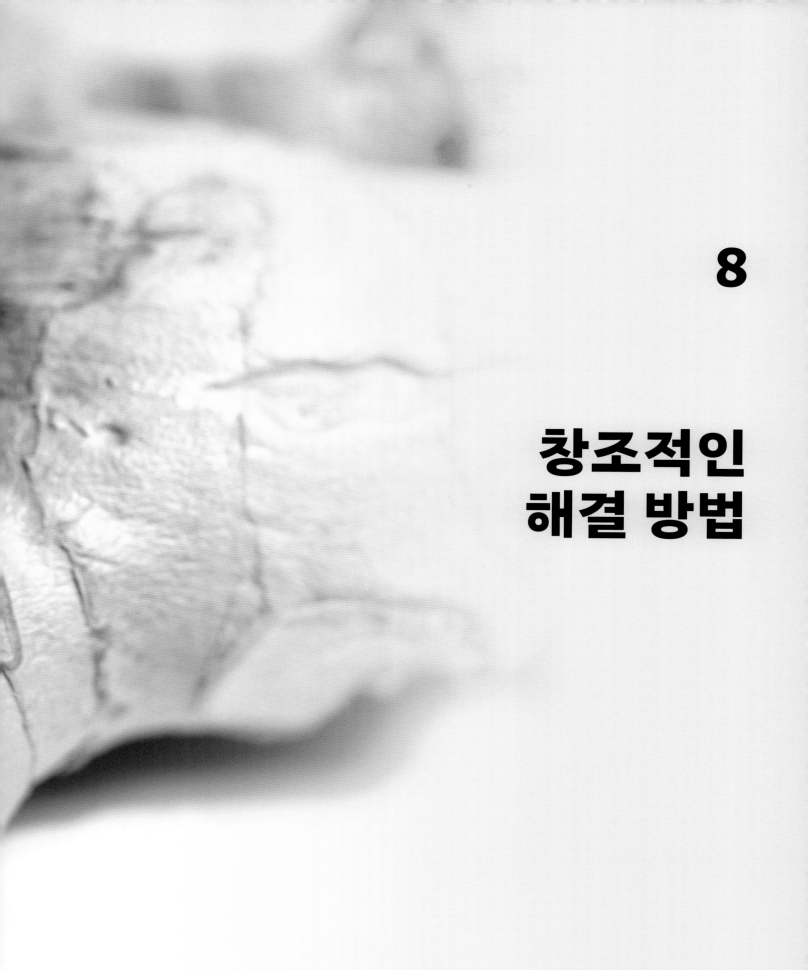

8

창조적인
해결 방법

← 내추럴 브랜딩은 레이저로 과일과 채소의 겉껍질 색소를 살짝 태워 상표를 새기는 기술이다.

식품 레이저 라벨

↓ 매년 레이저 라벨링 기계 가격이 낮아지고 크기도 작아지고 성능도 향상되고 있다. 갈수록 많은 제품에 레이저 라벨링 기술을 사용할 것이다.

유럽연합 규정에 따르면 유기농 과일과 채소는 비유기농 식품과 구별해야 한다. 소비자와 판매원이 그 차이를 알 수 없기 때문에 낱개의 과일이나 채소까지 스티커를 붙이거나 포장한다. 내추럴 브랜딩이라 불리는 새로운 기술로 스티커와 포장지가 필요 없어졌다.

이는 레이저로 제품의 껍질이나 겉의 색소를 약간 제거해서 식품에 직접 정보를 새겨 넣는 기술이다. 스페인에서 개발된 이 레이저 라벨링 기술을 사용하는 상점이 늘어나고 있다. 레이저를 쓰면 상당히 많은 포장재가 절약된다.

현재 주키니 호박 같은 일부 채소를 제외하고 코코넛, 생강, 고구마, 망고에는 레이저로 단 한 개라도 상표를 새길 수 있다. 로고나 문자처럼 여러 상표를 새길 수 있는 레이저 라벨은 껍질 밑으로까지 인쇄되지 않고 유통기한, 맛, 상품의 질에 아무런 영향을 주지 않는다. 껍질째 먹는 사과, 배 같은 과일에도 사용할 수 있다. 이미지나 문자를 레이저로 새기는 데 드는 에너지는 스티커를 만드는 에너지에 비하면 극히 적다.

라벨링 기계 가격이 비싸지만, 소모품인 플라스틱 포장재, 잉크, 접착제, 염료나 종이 비용이 들지 않기 때문에 들어간 비용을 금방 회수할 수 있다. 에너지 소모와 이산화탄소 배출도 크게 줄일 수 있다. 플라스틱 용기 사용도 엄청나게 줄어든다. 그렇게 플라스틱 사용량이 크게 줄어든다면 슈퍼마켓 체인도 레이저 기계를 도입할 수 있을 것이다. 레이저 기계를 처음 사용했을 때 고객들은 레이저 라벨링 식품에 아무런 거부감을 보이지 않았다. 식품의 질은 변함없다. 플라스틱 랩 포장은 고객들이 가장 거추장스러워하는 것 중 하나다. 자연적인 레이저 상표 새김은 이상적인 대안이다.

유기농이든 아니든 상관없이 유럽에서만 과일이나 채소를 낱개로 포장하는 것은 아니다. 레이저로 상표를 새기는 기술은 플라스틱 수프 문제를 푸는 데 유럽뿐만 아니라 다른 지역에도 크게 도움이 된다. 만약 폐기물 자체를 발생시키지 않는 것이 문제 해결의 가장 근본적인 전제라면, 레이저 상표로 어떤 종류의 포장재 사용을 없앨 수 있는지 파악하는 것이 매우 중요하다. 판매망에서 레이저 상표 기술을 사용하는 데 다른 구실을 댈 수 없을 것이다. 고객이 요구하면 유통업체는 응할 수밖에 없다.

↑ → 네덜란드 유기농 채소, 과일 유통 업체 에오스타는 레이저로 채소와 과일에 상표를 표시하여 플라스틱 포장재 사용량을 엄청나게 줄였다.

마이크로비즈를 없애자

2012년 8월 플라스틱 수프 재단과 북해 재단은 개인위생 용품에 들어가는 마이크로비즈 사용에 반대하는 캠페인을 시작했다. '마이크로비즈를 없애자Beat the Microbead'라는 캠페인은 네덜란드에서 시작해 국제적으로 퍼졌다. 크든 작든 수백 개의 회사에서 세안 스크럽과 치약에 플라스틱 입자를 첨가한다. 플라스틱 입자는 사용하기 편하고 피부에 손상을 주지 않지만 씻으면서 폐수에 섞여 배수관으로 흘러간다. 폐수 처리시설에서는 플라스틱 입자를 전혀 걸러내지 못한다. 그래서 극히 작은 플라스틱 입자가 자연이나 바다에 버려지게 된다.

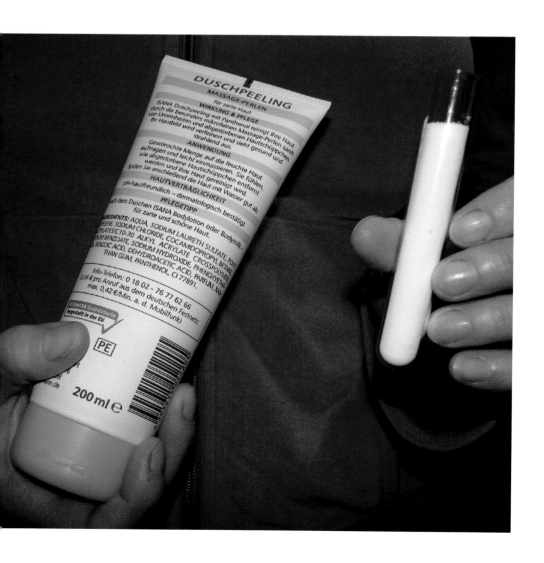

← 미세플라스틱이 첨가된 화장품의 경우, 폴리에틸렌 입자만 살펴보면 되는 것이 아니다. 다른 수십 종류의 미세플라스틱이 사용되기 때문이다. 사진은 샤워 스크럽이다.

↓ 생산업체에서 마이크로비즈를 뺐다고 해서 모든 미세플라스틱이 빠졌다고 완전하게 보증할 수는 없다.

생산업체들은 마이크로비즈가 정수 처리시설에서 모두 걸러지며, 전체 오염에 비하면 양이 미미하다고 캠페인에 강하게 불만을 나타냈다. 사용자와 정치인 들의 분노가 크자 일부 회사는 곧 태도를 바꿨다. 소매업자들도 제품 판매를 꺼렸다. 게다가 캠페인에서 여러 언어로 사용할 수 있는 애플리케이션도 선보였다. 그리하여 소비자는 스마트폰으로 바코드를 스캔해서 의심스러운 제품에 마이크로비즈가 들어 있는지를 알 수 있게 되었다.

2012년 말쯤 유니레버는 다국적기업으로는 처음으로 제품에서 마이크로비즈를 자발적으로 제거하겠다고 발표했다. 3년 뒤에 마이크로비즈가 첨가된 개인위생 용품의 생산과 판매를 금지하는 미국 연방법이 제정되었다. 유니레버에 뒤이어 다른 주요 화장품 회사들도 그에 필적하는 발표를 내놓았으나, 이는 전략적 움직임에 지나지 않았다. 전에는 미세플라스틱이 주로 얼굴 스크럽과 치약에만 들어간다고 생각했지만, 이제는 립스틱, 마스카라, 데오도란트, 매니큐어와 다른 화장품에도 사용한다. 다양한 기능을 가진 수십 종의 미세플라스틱이 있기 때문이다. 산업체들은 자발적으로 제거하겠다는 입자를 매우 좁은 범위, 즉 폴리에틸렌 마찰 입자로 정했지만, 다른 모든 미세플라스틱은 계속 사용할 여지를 남겨두었다.

'마이크로비즈를 없애자'는 캠페인은 세계적으로 거의 100개에 가까운 단체의 지지를 받고 있다. 캠페인 협력 벤처는 소비자들의 도움으로 화장품에 들어간 모든 종류의 미세플라스틱이 세계적으로 금지되기를 원한다. 입법화가 불가피한 이유는 자발적인 제거 선언만으로는 회사가 빠져나갈 구멍이 너무 많기 때문이다. 그래서 마이크로비즈를 없애자는 캠페인은 주안점을 바꾸었다. 2015년부터 화장품 회사에 '모든 제품에 플라스틱이 100퍼센트 없다'는 선언을 해달라고 요청했다. 요청을 받아들인 회사는 화장품에 '제로를 희망하며Look for the Zero' 라벨을 붙일 수 있다. 점점 더 많은 화장품 회사가 소비자에게 입장을 분명하게 밝히고 있다.

103

→ 미세 플라스틱이 완전히 없다고 자신하는 업체는 '제로를 희망하며' 로고를 제품에 붙일 수 있다.

어업 쓰레기 수거

↓ 해양 쓰레기 인양에 참여하고 있는 300척의 스코틀랜드 선박 중 하나. 스코틀랜드 18개 항구에 쓰레기를 내릴 수 있다.

해양환경 위험에 대처하기 위해 북유럽 13개국, 150개 해안 도시가 모여 만든 연합단체 KIMO는 2002년 '어업 쓰레기 수거' 캠페인을 시작했다. 배에서 고기를 분류할 때 같이 걸려 올라온 쓰레기를 통에 담는다. 쓰레기통을 정기적으로 큰 자루에 비우면 200~250킬로그램의 쓰레기를 모을 수 있다. 배가 항구에 돌아오면, 부두에서 크레인으로 쓰레기 자루를 컨테이너나 적재 장소로 옮긴다. 항구마다 해양 쓰레기 수거와 처리를 위한 폐기 방침이 있다. 선박들은 모든 항구에서 새로운 큰 자루를 받을 수 있다. 덴마크, 스웨덴, 독일, 영국, 스코틀랜드, 노르웨이에서 주도적으로 동참하고 있다.

한국은 2003년부터 어업 용구 수매 제도를 실시하고 있다. 수매 제도는 조업 중 그물에 걸린 유실된 어업 용구를 특별 자루에 담아 오면 수거하는 것이 목적이다. 다양한 형태의 자루들은 육지에서 넘겨주면 된다. 조업 중에 인양된 쓰레기를 정부가 사들이는 방식이다. 한국에서 시행하고 있는 또 다른 방법은 가로 9미터, 세로 6미터 크기의 바지선, 해양 쓰레기 선상 집하장을 바다에 띄워 어부들이 건진 쓰레기를 자발적으로 집하장에 버리게 하는 것이다. 쓰레기 바지선이 다 차면 부두로 끌고 와 쓰레기를 처리한다.

이것들은 조업 중에 건진 쓰레기 처리에 대한 정책이다. 어차피 어부들과 배는 이미 바다에 나가 있으니 해양 쓰레기를 제거하는 데 비교적 비용이 적게 들어간다. 해양 쓰레기를 제거하는 적극적인 방법도 있다. 가능한 한 쓰레기를 많이 건질 목적으로 일부러 바다로 나가는 것이다. 적극적인 방법은 항구나 만같이 쓰레기가 많이 집적된 곳에서만 가능하다. 유럽 단체인 웨이스트프리오션은 재치 있게 물 위에 뜨는 용기를 배 뒤에 매달도록 디자인했다. 수거 망이 꽉 차면 크레인으로 수거 망을 건져 올려 비우면 된다. 웨이스트프리오션은 해양 쓰레기를 원료로 삼아 새로운 물건을 만드는 재활용을 하고 싶어 한다.

해양 쓰레기 조업이라는 발상은 네덜란드에서 비롯되었다. 북해에서 저인망으로 물고기를 잡는 저인망 어선과 새우잡이 배의 그물에는 엄청난 양의 쓰레기가 걸려 올라온다. 과거에는 그물에 걸린 고기를 고르면서 쓰레기는 다시 바다로 던져버렸다. 그렇게 버린 쓰레기는 다음번에도 영락없이 그물에 딸려 올라온다. 이제는 쓰레기를 분리해 큰 부대 자루에 넣는다. 네덜란드에서는 75척의 선박이 어떤 보상금도 받지 않고 이 일을 하고 있다. 쓰레기를 가득 채운 부대 자루는 모든 어업 항구에 내릴 수 있다. 해양 쓰레기 부대 자루는 쓰레기 수거시설에서 가져간다.

→ 매년 7월 한 달
동안 플라스틱을 쓰
지 않는 도전에 참여
하는 사람들이 늘고
있다.

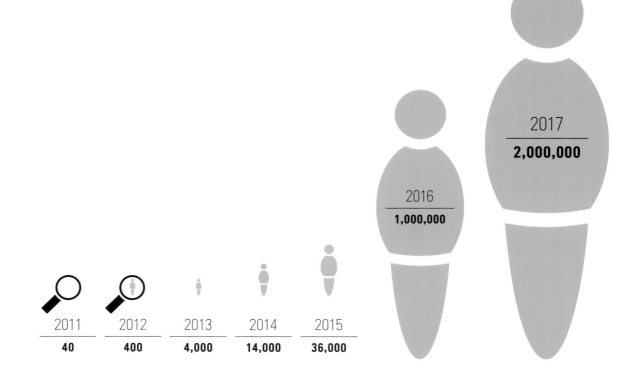

2011	2012	2013	2014	2015
40	400	4,000	14,000	36,000

2016
1,000,000

2017
2,000,000

플라스틱 없는 7월

2011년 7월 호주에 사는 레베카 프린스 루이스는 집에 플라스틱이 왜 그렇게 많은지, 달리 할 수 있는 방법은 뭐가 있는지 궁금해졌다. 그녀는 7월 한 달 동안 일회용 플라스틱을 쓰지 않기로 했다. 동료와 친구들도 도전에 동참했고 그렇게 '플라스틱 없는 7월Plastic Free July'이 생겼다.

이제는 159개국에서 200만 명의 사람들이 7월 한 달 동안 일회용 플라스틱을 쓰지 않으려고 노력하면서 일회용 플라스틱의 대안을 찾고 있다. 플라스틱 없는 7월은 사람들에게 '7월에는 일회용 플라스틱을 거부하기'를 권장한다.

플라스틱 없는 7월은 작은 발자국이 모여 커다란 영향을 줄 수 있다는 개념을 내포하고 있다. 이 방법은 사람들의 행동을 바꾸고 학교 등에서 주변을 변화시키는 수단이다. 플라스틱 없는 7월 웹사이트에는 플라스틱 오염과 싸우는 일반인에게 도움이 될 수많은 정보가 있다.

플라스틱 프리 도전 중 한 단계는 7월 초에 각자 쓰레기통을 뒤집어 바닥에 쓰레기를 쏟아놓고 어떤 쓰레기가 나왔는지 살펴보는 것이다. 쓰레기를 종류별로 병, 봉지, 포장재 등으로 구분해 쌓고 수량과 무게를 재서 적는다. 그다음 각각의 물건을 보면서 그 물건 없이 살 수 있는지, 다른 대안이 있는지 각각의 물건을 재사용할 수 있는지도 생각해본다. 7월 말에는 간단한 테스트를 다시 하여 전보다 플라스틱을 적게 사용했는지 살펴본다.

플라스틱 없는 7월은 네 단계로 구성된 지침을 만들었다. 1단계는 아이디어를 모으는 것이다. 플라스틱 없는 7월 웹사이트에서 다른 사람들이 한 일을 읽는다. 2단계는 모임을 만든다. 예를 들어 동료나 친구와 함께 플라스틱 프리 아침 모임을 만들어 플라스틱 프리 도전에 대한 이야기를 나눈다. 3단계는 학교, 시장, 상가에서 위원회를 만든다. 그 밖에도 영감을 얻을 수 있는 사례가 아주 많다. 마지막 단계는 여러분이 경험한 성공담을 나누고 다른 사람들을 격려한다.

플라스틱 없는 7월 웹사이트에서는 플라스틱 비닐봉지, 음료 빨대, 플라스틱으로 포장한 과일을 쓰지 않을 수 있는 플라스틱 범주 18개를 배우고 실질적인 조언을 얻으며 그에 대한 행동 지침을 다운로드 받을 수 있다. 게다가 샴푸, 치약을 직접 만들 수 있는 제조법도 나와 있다. 플라스틱 없는 7월 웹사이트는 실질적인 해결 방법과 성공담을 나누는 데 중점을 두고 있다.

↓ 플라스틱 없는 7월 도전에 참여한 많은 사람의 행동이 변화하고 있다.

대형 슈퍼마켓에 가면 소비자는 글루텐 프리에서 무지방, 저가당, 비건과 유기농까지 엄청나게 다양한 선택을 할 수 있다. 하지만 플라스틱 포장재가 없는 물건을 살 수 있는 선택권은 거의 없다. 2014년 9월 베를린에서 처음으로 포장 없는 상점이 문을 열었다. 뮤즐리, 청소용품, 설탕, 파스타, 계란이나 개인위생 용품까지 직접 가져간 병이나 주전자 혹은 가방에 원하는 만큼 담아 올 수 있다. 물건은 모두 무게로 달아 팔고 필요한 양 이상 살 필요가 전혀 없다. 이런저런 형태의 플라스틱 프리 상점이 슈퍼마켓 체인점에 본보기가 되고 있다.

플라스틱 없는 슈퍼마켓

↓ 플라스틱 프리 슈퍼마켓은 플라스틱을 사용하지 않을 수 있다는 예를 완벽하게 보여준다. 2018년 덴마크 슈퍼마켓 체인 에코플라자가 플라스틱 프리 상점을 열었다.

슈퍼마켓에서 파는 물건의 플라스틱 포장재는 플라스틱 수프의 주요 원인이다. 지금으로선 플라스틱 포장을 하지 않은 물건을 사려면 소비자가 제법 수고를 해야 한다. 포장하지 않은 물건을 파는 가게는 아주 단순한 방식으로 판매한다. 과일, 채소와 다른 물건을 병과 가방에 담으면 된다. 슈퍼마켓에서는 이렇게 구매할 수 없다.

베를린의 플라스틱 프리 상점은 포장을 거부하는 소비자의 요구에 응했고, 그런 상점이 한 개만 있는 것도 아니다. 최근 몇 년간 플라스틱 프리 상점이 여러 군데 생겼고 그들은 포장하지 않은 상품으로 미리 쓰레기를

만들지 말자는 쓰레기 제로 철학을 모두 갖고 있다. 식품은 지역에서 생산되기 때문에 유통기한을 늘리기 위해 포장할 필요가 없다. 상점은 납품업자에게 자신들의 방침을 따라주기를 요구한다. 낱개 상품은 플라스틱으로 포장하지 않고 대량 제품의 포장 상자 또한 플라스틱으로 만들지 말아달라고 하는 식이다. 이런 종류의 요구 사항 덕분에 지역 납품업자들이 변화하고 있다.

바쁜 손님은 빠른 방법을 선택하기 쉽다. 쓰레기 제로 개념이 즉각적으로 수용되지는 않을 테고, 도시 사람들이 일회용품과 포장 판매 상품에 얼마나 중독되어 있는지를 고려하면 도시에서 포장 없는 상품 판매는 더욱 어려울 것이다. 그럼에도 플라스틱 프리 상점은 쓰레기 제로가 가능하다는 중요한 메시지를 던져준다.

2017년 대형 슈퍼마켓 체인에 플라스틱 포장을 하지 않은 상품을 위한 최소한의 공간이라도 만들라고 요구하는 '플라스틱 프리 통로Plastic-Free Aisle' 캠페인이 시작됐다. 소비자는 거추장스러운 플라스틱 쓰레기를 피할 수 있는 선택권이 생긴다. 플라스틱 프리 상품을 사면 그만큼 플라스틱 포장 없는 상품이 늘어나도 괜찮다는 믿음을 체인점 업주들에게 심어줄 것이다.

2017년 독일의 유기농 슈퍼마켓 체인 에코플라자는 플라스틱 포장재 중 4분의 3을 분해성 포장재나 플라스틱이 아닌 대체 포장재를 사용했다. 견과류, 쌀, 마른 콩은 2013년부터 퇴비화가 가능한 재질로 포장하고 있다.

모든 상품을 대상으로 플라스틱 사용을 줄일 수 있는지 점검하고, 상점뿐만 아니라 창고에서도 바퀴 달린 컨테이너를 플라스틱 비닐로 둘둘 말아 포장하지 않는다면 플라스틱 사용량을 점점 줄일 수 있다.

합성섬유 제품을 세탁기로 세탁하면 수십만 개 내지 수백만 개의 미세섬유가 빠진다. 플라스틱 섬유는 빨래를 헹굴 때 물에 씻겨 하수도로 흘러간다. 폐수 처리시설에서는 이런 미세한 플라스틱 입자를 걸러내지 못한다. 이런 종류의 플라스틱 오염을 막기 위해 다양한 분야에서 해결책을 찾고 있다. 소비자들은 필터, 세탁 망, 세탁 볼 같은 제품으로 미세섬유 방출을 막아볼 수 있다. 관련 업계도 직물을 개선하거나 섬유 부스러기를 줄이거나 만들지 않는 세탁 방법을 권장하는 식으로 대응해야 한다.

바다를 깨끗하게 하는 세탁

↑ 합성섬유로 만들어진 옷을 세탁할 때 섬유가 빠지는 것을 막을 수 있을까? 현재 세계 의류업계가 안고 있는 중요 문제다.

플라스틱 수프 재단은 2016년 플라스틱 미세섬유 문제를 해결하기 위해 오션클린워시를 시작했다. 과학자, NGO단체, 유명인사, 의류업체, 섬유업체로 구성된 국제 협력 벤처 사업이다. 패션 브랜드인 지스타 로도 함께 플라스틱 수프를 해결하는 데 가장 어렵게 생각되는 이 문제를 해결할 방법을 적극적으로 찾고 있다. 30개 이상의 패션 체인이 오션클린워시를 통해 최신 과학 기술에 대한 조언을 받고 있다.

다른 출처에서도 도움을 받았지만 미세섬유 방출의 결정적 원인에 관련된 전문적인 지식은 유럽 머메이드 라이프+ 연구 프로그램 덕분에 얻었다. 직물이나 편물에 사용되는 방적사 직조 과정에서 섬유를 코팅해 질기게 만들거나 낮은 온도에서 세탁하거나 액체 세제를 사용하면 섬유 부스러기가 덜 생긴다는 내용이다.

일반인이 만든 주목할 만한 창의적인 해결 방법도 있다. 독일 발명품인 구피프렌드는 드럼 세탁기에 넣는 세탁 망이다. 구피프렌드는 50마이크론 크기의 나일론 망으로 만들었다. 비눗물은 들락날락하지만

빠진 미세섬유는 망 안에 남는다. 세탁 망이 필터 역할을 하는 것이다. 또 미국에서 만든 코라볼은 세탁하는 동안 머리카락부터 미세섬유까지 모든 먼지가 달라붙는다. 세탁 후에 볼만 꺼내서 청소하면 된다. 코라볼은 흐르는 물에서 미세입자만 걸러내는 산호의 자연적인 행태에서 얻은 아이디어다. 세탁하는 동안 미세섬유를 끌어모으는 재사용 시트도 있다. 이는 캐나다에서 개발된 것으로 제작업체인 폴리곤에서 한 초기 실험 결과가 매우 희망적이다.

플라스틱 수프를 막기 위한 입법화는 아직 고려되지도 않고 있다. 의류 산업은 세계적인 규모로 진행된다. 섬유 방출을 해결하기 위해 플라스틱에 대한 국제적 기준을 마련하는 일이 생각보다 훨씬 복잡해서 어디에서도 안건화되지 않았다. 따라서 산업계 자체에서 책임감을 느끼고 세탁할 때 섬유가 방출되지 않는 합성섬유를 개발하는 것이 무엇보다 중요하다. 그때까지는 구피프렌드, 코라볼, 폴리곤이 어느 정도 힘이 되어줄 것이다.

9

허비할 시간이
없다

← 필리핀에서도 물에 떠 있는 플라스틱은 청소하지 않는다. 다시 팔 수 있는 플라스틱만 건질 뿐이다.

단 포도

플라스틱을 자연에 그냥 버리면 안 된다. 간단히 몇 가지만 질문해보면 꽤 쉽게 빠른 해결 방법을 알아낼 수 있다. 적은 비용으로 환경에 큰 도움이 되는 쉬운 방법이다. 해변에서 가장 많이 발견되는 플라스틱 물건은 무엇인가? 그 물건이 없어도 편하게

지낼 수 있을까? 대안이 있을까? 근본적으로 플라스틱 수프를 해결할 수 있을까? 자발적인 행동만으로 문제 해결에 충분할까, 아니면 법으로 만들어 규제해야 할까? 이런 질문을 통한 단순한 변화만으로도 상당한 성과를 얻을 수 있다.

↓ 한 가게에서 소포장 상품을 팔고 있다. 베트남에는 소득이 많지 않은 사람들이 사는 곳에 이런 가게가 수천 개 있다.

미국에서는 매일 5억 개의 플라스틱 빨대가 사용된다. 빨대는 단 한 번 사용되며 사용 시간은 대부분 20분을 넘지 않는다. 빨대는 꼭 필요한 것도 아니고 대나무나 쇠로 만든 대용 빨대도 충분히 사용할 만하다. 2018년 패스트푸드 체인 맥도널드는 외부의 압력을 상당히 많이 받고 나서 일부 국가의 몇 개 매장에서 대안적인 방법을 시도하기로 했다. 그해 시애틀은 미국에서 최초로 식당과 주점에서 빨대와 플라스틱 식기 사용을 금지했다.

한국은 수산 양식업에 폴리스티렌 부표를 사용한다. 홍합과 굴 양식 때문에 바다 1제곱킬로미터당 10만 개의 부표가 떠 있다. 햇빛을 받으면 부표는 서서히 부서진다. 62리터 크기의 부표 하나는 700만 개의 입자로 부서질 수 있다. 폴리스티렌 때문에 한국의 해안은 하얗지만, 단순한 해결책도 시행되지 않고 있다. 간단한 대안책이 있다. 부표를 다른 재질로 만들거나 오래된 부표를 보증금 제도를 활용해 다시 수거할 수 있다. 부표에 회사 이름을 새기게 하고 떠다니는 부표를 발견하면 그 회사에 해명을 요구할 수도 있다.

유니레버는 특히 개발도상국에서 샴푸와 세탁 세제를 여러 재질이 겹쳐진 소형 일회용 포장에 담아 판매한다. 다국적기업인 유니레버는 소포장이 주요 환경 문제이고 플라스틱 수프의 원인이 된다는 점을 인정한다. 이런 형태의 포장 생산을 중단하는 대신 유니레버는 재활용이 가능한 소형 포장제를 만들어내는 개선된 기술을 개발했다. 그러나 아무 쓸모도 없는 이런 포장지가 수거되리라는 생각은 한낱 꿈에 지나지 않는다. 유니레버와 다른 다국적기업은 소비자가 가져온 봉지나 통에 탱크에서 원하는 만큼 담아 가는 현실적으로 더 지속 가능하고 완벽하게 실현 가능한 대안을 활용하기보다 경제적인 이익을 위해 소포장을 계속하고 있다.

이렇게 쉬운 선택지도 경제적인 단기 이익에 방해가 된다면 채택되지 않는 경우가 많다.

플라스틱 쓰레기 문제에 대처하려면 플라스틱 수프에 대한 교육과 정보는 꼭 필요하다. 플라스틱 수프와 사람들의 행동 방식 사이의 관계를 이해하는 것은 어렵지 않다. 동물을 죽일 수 있기 때문에 플라스틱을 그냥 던져버리면 안 된다는 것을 어린아이라도 이해한다. 그래도 관련된 질문을 몇 가지 해보아야 한다. 만약 교육이 아무 도움이 안 되고 계속 오염 정도가 심해진다면 할 수 있는 일은 무엇일까? 남의 말 듣는 것을 싫어하는 사람이 어디에나 있기 마련이다. 사람들을 교육하는 일은 매우 중요하지만, 그것만으로는 절대 충분하지 않다.

교육과 캠페인

1950년대부터 코카콜라를 비롯한 주요 다국적기업은 대중 정보 캠페인에 투자했다. 이런 회사들은 캠페인 목적으로 특별 단체를 만들어 지원했다. '미국을 아름답게Keep America Beautiful'라는 단체는 1953년에 만들어졌고 다른 나라에도 자매단체가 계속 늘어났다. 지금껏 쓰레기에 대한 책임을 소비자에게만 물었기 때문에 대중을 교육할 필요가 있었다. 그러나 플라스틱 수프는 이런 캠페인들이 막연하게라도 효과가 없었다는 사실을 보여준다.

미국을 아름답게는 쓰레기와의 전쟁을 치르기 위해 버몬트주에서 입안된 법안에 대한 즉각적인 반응으로 만들어진 단체다. 법안에는 재활용이 불가능한 병을 금지하는 조항이 포함되어 있었다. 그 법안은 쓰레기가 소비자들의 문제라고 설명하는 음료업계의 강력한 로비 때문에 4년밖에 지속하지 못했다. 미국을 아름답게 같은 단체들의 목표는 지금까지도 동일하다. 하나는 대중을 교육하는 것이고, 또 하나는 일회용품은 해마다 생산량이 늘고 있음에도 일회용품의 생산을 확실하게 보증하되 주목받지 않게 해야 한다는 것이다. 또한 기업은 법적 제제나 보증금, 세금 등의 불편한 제재를 받아서는 안 된다.

정부 입장에서 정보 캠페인은 사람들의 행동을 변화시킬 수 있는 매력적이고 비용이 적게 드는 방법이다. 그런데 정보 교육의 효과는 일반적으로 과대평가되어 있다. 사람들은 환경적 인식이 커져도 기대하는 만큼 환경친화적인 행동을 하지 않는다. 그런 맥락에서 자신의 내적 동기 때문에 행동하는 사람, 교육을 받아서 바람직한 행동 패턴을 보이는 사람, 그리고 외적인 추진력인 보증금을 돌려받는 보상 때문에 환경을 의식하는 사람의 차이를 구분하는 일이 중요하다.

행동을 연구하는 학자들은 특히 십대들의 행동을 변화시키기 어렵다는 점을 잘 알고 있다. 어쨌든 젊은 사람일수록 쓰레기를 만들지 않는 일보다 신경 쓰는 다른 일이 많기 마련이다. 이런 표적 집단에는 외부적인 동기로 금전적 보상을 주는 것이 효과적이다.

플라스틱 오염을 해결하는 데 교육은 대단히 가치 있지만, 쓰레기를 반납하면 받는 금전 보상 같은 방법도 함께 사용하는 것이 훨씬 더 좋다.

→ 플라스틱 오염에 맞서기 위해 여러분이 할 수 있는 일은 무엇인가? 그리고 어떤 방법이 가장 효과적일까?

작은 효과 ➡ 큰 효과

작은 효과
- 플라스틱 빨대를 쓰지 않는다.
- 풍선을 날리지 않는다.
- 미세플라스틱이 들어간 스크럽을 쓰지 않는다.
- 문질러서 쓰는 스펀지같이 빨리 닳는 플라스틱 제품을 사지 않는다.
- 세탁기에서 방출되는 미세섬유를 줄이기 위해 액체 세제를 사용한다.
- 소포장된 물건을 사지 않는다.
- 이중 포장된 물건을 사지 않는다.

나은 효과
- 플라스틱을 분리 배출한다.
- 합성섬유로 만든 옷을 사지 않는다.
- 병 보증금이 붙은 음료수만 산다.
- 플라스틱 쓰레기를 청소한다.
- 일회용으로 포장된 제품을 사지 않는다.

큰 효과
- 일회용 플라스틱을 다시 사용한다.
- 플라스틱 대신 다른 재료로 된 물건을 선택한다.
- 컵을 가지고 다닌다.
- 장바구니를 가지고 다닌다.
- 플라스틱 프리 행사를 한다.
- 아이들에게 플라스틱에 대해 교육을 한다.
- 오래 쓸 수 있는 물건을 산다.
- 산아 제한.

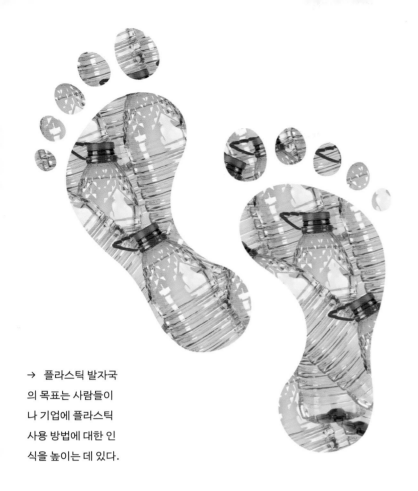

→ 플라스틱 발자국의 목표는 사람들이나 기업에 플라스틱 사용 방법에 대한 인식을 높이는 데 있다.

모든 소비자와 회사는 플라스틱 발자국을 남긴다. 플라스틱 발자국은 얼마나 플라스틱을 많이 사용하는지 측정하는 수단이다. 플라스틱 발자국을 줄이려면 결정적으로 플라스틱을 사용한다는 것에 대해 더 깊이 이해해야 한다. 플라스틱 사용을 줄일 뿐만 아니라 플라스틱이 자연에 버려지지 않게 예방하고 적극적으로 재사용률을 늘려야 한다. 플라스틱의 생산과 다른 주요 환경 문제의 상호 관계를 이해하는 사람은 많지 않다. 플라스틱 발자국은 단지 플라스틱 수프 문제와 씨름하는 노력을 돕는 것 이상의 가치가 있다. 플라스틱을 덜 쓰기 시작하면 동시에 물과 탄소 발자국도 줄어든다.

플라스틱 발자국

플라스틱 발자국을 조직 내의 플라스틱 흐름을 계획하는 데 사용하면 도움이 된다. 첫 번째 단계가 중요한데, 이전보다 훨씬 더 플라스틱에 대한 비판적인 태도를 견지해야 한다는 것이다. 현재까지 기업은 플라스틱 사용에 관해 거의 보고하지 않았다. 회사 내에서 플라스틱 소비량이 확실하게 알려지지 않은 경우가 많고 플라스틱 사용량 줄이기를 실천 목표로 삼는 경우도 드물었다. 플라스틱 수프 재단[네덜란드 암스테르담에 있는 NGO단체. '마이크로비즈를 없애자'는 국제 캠페인을 진행 중이다. 우리 몸과 물에서 플라스틱을 없애는 목표를 두고 있다—옮긴이]과 로테르담 에라스무스 대학교의 임팩트센터는 컨설턴트 회사 PwC와 함께 플라스틱 발자국을 개발하고 있다. 표준화된 질문지는 기업에서 혹은 소비자와 생산업체가 함께 플라스틱을 더욱 잘 다룰 방법을 그림으로 보여주고 플라스틱 사용을 더 의식하게 해준다.

소비자용으로는 '나의 작은 플라스틱 발자국My Little Plastic Footprint' 앱이 있다. 앱은 산뜻하고 친근한 그림으로 여러분의 플라스틱 사용량을 보여주고 대안을 알려준다. 유엔환경계획은 전 세계 사람들에게 개인적으로도 참여해서 플라스틱 발자국을 줄일 것을 권장한다. 이 앱을 쓰면 사용자들은 플라스틱

오염에 관한 사실을 배울 수 있고 개인적으로 플라스틱 발자국을 줄이겠다는 마음이 들 것이다. 스몰[지속 가능성 분야의 스페인 바로셀로나 광고회사—옮긴이], 오션리커버리얼라이언스[홍콩과 미국에 있는 국제 NGO단체. 플라스틱 오염에 관한 국제 프로그램 두 개를 진행 중이다—옮긴이], EA[Environmental Action: 스위스의 환경 관련 자료 분석과 게임화요소 적용 전문 컨설턴트 기업—옮긴이], 플라스틱 수프 재단에서 개발했다.

플라스틱은 탄소 발자국이 크고 지구를 덮히는 온실가스 배출의 큰 원인이다. 전 세계 석유 생산량의 8퍼센트는 플라스틱 생산에 쓰인다. 8퍼센트의 절반은 플라스틱 생산에 필요한 에너지원이다. 구체적으로 보면 매년 미국에서만 플라스틱 병을 만드는 데 1700만 배럴의 석유가 필요하다. 그보다 더 많은 양의 석유를 써서 음료가 채워진 플라스틱 병을 상점으로 운송하고 냉각한다. 게다가 플라스틱을 생산할 때는 엄청난 양의 물이 필요하다. 1리터의 물을 플라스틱 병에 넣는 데 3리터의 물이 필요하다.

어떤 상황이든 플라스틱을 쓰지 않기만 해도 환경에는 큰 도움이 된다.

플라스틱 비닐봉지는 세계적으로 1분에 100만 장 이상 사용되는 것으로 추정한다. 버려지거나 바람에 날아간 봉지는 거리의 쓰레기가 되거나 나무나 관목에 걸리고 수로를 막거나 동물에게 먹히거나 플라스틱 수프가 된다. 환경 문제의 주요 원인이지만 비교적 해결하기 쉬운 부분이다. 점점 더 많은 도시, 지방, 나라에서 대책을 세우고 있다. 플라스틱 비닐봉지를 전적으로 금지하거나 소비자에게 사용 비용을 내게 한다. 이런 조치가 일단 실행되고 강제로 집행되면 바람에 날아다니는 봉지가 크게 줄어들 것이다.

얇디얇은 플라스틱 봉지

← 낙타 위 모양으로 생긴 52킬로그램의 플라스틱 덩어리. 낙타의 사체는 아랍에미리트 낙타 매립지에서 발견됐다.

↑ 플라스틱 비닐봉지는 가볍기 때문에 매립지에서 쉽게 바람에 날린다. 비닐봉지는 동물이 먹거나 수로를 막고 결국 바다에 버려진다.

● 금지한 국가

● 다른 정책을 실시하는 국가

↑ 가벼운 플라스틱 비닐봉지를 금지하거나 다른 조치를 하는 나라가 매년 늘어나고 있다(2017).

바다거북은 물에 떠다니는 비닐봉지를 해파리인 줄 안다. 그래서 관심이 많이 쏠리긴 했지만 비닐봉지를 금지하도록 조치하는 데는 다른 이유도 있다.

2002년 방글라데시는 세계에서 처음으로 얇은 비닐봉지 사용을 금지했다. 특히 방글라데시에서 비닐봉지 사용을 금지한 주요 이유는 버려진 봉지가 배수로를 막기 때문이다. 방글라데시는 비가 많이, 자주 내린다. 빗물이 빠지지 않으면 홍수가 난다. 1998년 큰 홍수 원인의 80퍼센트는 플라스틱 쓰레기로 인해 하수구가 막혔기 때문이라고 본다.

인도의 수도 델리는 2017년 초부터 플라스틱 비닐봉지와 다른 일회용 플라스틱 용품을 금지했다. 불법으로 플라스틱을 소각할 때 생기는 공기 오염을 막기 위해서였다.

아랍에미리트연방의 낙타 사망 원인의 절반은 플라스틱이다. 낙타는 거리에 굴러다니는 봉지와 쓰레기를 먹는다. 낙타의 위에서 10킬로그램에서 심지어 60킬로그램에 달하는 덩어리까지 발견됐다. 비닐봉지는 위에서 빠져나가지 못하기 때문에 차곡차곡 쌓여 동물이

굶어 죽을 때까지 덩어리가 커진다. 아랍에미리트연방은 2013년부터 플라스틱 비닐봉지를 금지했지만, 전혀 효과적으로 실행되고 있지 않다.

케냐는 매년 1억 개의 플라스틱 비닐봉지를 사용하는데, 전에 시도했던 조치가 별다른 성과가 없자 2017년 다시 금지령을 내렸다. 무엇보다 버려진 비닐봉지는 건강에 위협이 된다. 플라스틱 봉지 쓰레기에 물이 고이면 최적의 모기 번식 장소가 된다. 모기는 뎅기와 말라리아 바이러스를 옮긴다. 막힌 하수도는 썩은 물이 고이는 또 다른 모기 서식지다.

나라마다 플라스틱 비닐봉지에 취한 조치는 다르며 생산, 수입, 판매, 배포, 혹은 플라스틱 비닐봉지의 무게처럼 문제에 접근하는 방법도 다양하다. 일부 국가에서는 소비자가 플라스틱 봉지 가격을 내야 한다. 대안으로 종이봉투 사용을 허락하는 법률을 만드는 곳도 있는데, 종이봉투도 환경 차원에서 다른 문제를 낳는다. 무엇보다 중요한 것은 소비자들이 튼튼한 장바구니를 다시 사용하기 시작했다는 점이다.

배에서 나온 쓰레기를 배 밖으로 아무렇게나 던져버리면 간단한 데다 돈이 들지 않는다. 비율은 지역마다 다르겠지만 플라스틱 수프 원인의 20퍼센트 정도는 선박 운송이나 조업 중에 불법으로 바다에 버린 쓰레기다. 국제해양오염방지협약(MARPOL, 이하 마폴)은 선박 쓰레기를 예방하고 플라스틱과 다른 쓰레기를 바다에 버리는 일을 금지한다. 유기 폐기물을 제외하고 모든 쓰레기는 육지로 가져와 버려야 한다. 마폴은 각 항구에 규약의 정확한 실행을 위임했다.

선박 쓰레기 항구 수거

→ 쓰레기를 분리하는 배는 비교적 적은 편이다. 대부분 쓰레기를 분리하지 않은 채 해안으로 갖고 온다. 아직도 바다에 쓰레기를 버리는 배가 너무 많다.

↑ 해변에 밀려온 쓰레기 중에 선박에서 나온 것들도 가끔 보인다. 스코틀랜드 갤러웨이 해안에 밀려온 배에서 쓰는 생선 바구니.

2013년부터 시행된 항해 선박 쓰레기에 대한 규정이 강화된 국제해양오염방지협약 마폴의 제5부속서는 쓰레기 배출을 전면 금지하고 있다. 쓰레기를 의도적으로 바다에 버리면 안 된다. 쓰레기 관리 기록장부를 배에 비치해야 한다는 규정이 있다. 쓰레기 처리 기록 역시 보관해야 한다.

그러나 400톤 이하의 선박은 의무적으로 쓰레기 처리 기록을 기록하지 않아도 된다. 이렇다 보니 대부분의 어업 선박은 쓰레기를 어디에 버리는지 보고하지 않는다.

마폴은 선박 쓰레기 접수기관에 대한 책임을 항구 관리시설에 맡겼다. 나라마다 필요한 시설이 있어야 하지만 실제로 그렇지 못한 경우가 많으며, 특히 작은 항구들은 상황이 더 나쁘다. 쓰레기 수거 규칙도 항구마다 확연하게 차이가 있다. 항구에 들어간 배가 여러 자치기관을 상대해야 하고 번거로운 행정 절차를 밟아야 하는 경우도 이따금 있는가 하면 쓰레기를 효율적으로 쉽게 배에서 내릴 수 있는 항구도 있다. 쓰레기 수거 비용을 각각 지불해야 하는 항구도 있고 처리 비용이 무료이거나 항구 사용료에 포함되어 있는 경우도 있다.

지금까지 전 세계 항구 관계자들은 선박의 쓰레기 불법 투하를 예방하는 데 적극적이지 않았다. 만약 선박들이 어느 항구에서라도 반드시 쓰레기를 버리고 항구를 다시 떠나기 전에도 확실하게 버리고 간다면, 플라스틱 수프와의 전쟁에 막대한 도움이 될 것이다.

이를 비교적 쉽게 실행할 다른 방법도 있다. 항구들이 연합해 선박 쓰레기 정책을 서로 일관되게 맞추어 부두의 시설을 사용하지 않을 경제적, 행정적, 조직적 이유를 없애고 현재 규칙을 엄격하게 지키게 하면 된다.

보증금 제도

→ 코카콜라 같은 다국적기업들은 보증금 도입을 늘 적극적으로 반대했다. 2017년부터 정말 가끔씩 약간 유연하게 대처하기 시작했을 뿐이다.

소비자에게는 쓰레기를 버리지 않는 데 대한 금전적 보상이 필요하다. 보증금은 탁월한 예다. 지금은 수많은 플라스틱 병이 주변에 버려지지만 빈 병을 돌려주고 돈을 돌려받을 수 있다면 많은 사람이 기꺼이 그렇게 할 것이다. 거리에 굴러다니는 음료수 병을 주워 적은 돈이라도 벌려는 사람도 늘 있기 마련이다. 보증금을 부과하는 제도는 플라스틱 수프와의 전쟁에서 아주 효율적인 시스템으로 입증되었다. 제도를 도입하기도 비교적 쉽고 결과는 즉각적으로 나타난다. 그런데도 세계의 거대 청량음료 기업과 슈퍼마켓은 보증금 제도를 거부한다. 그들에게는 다른 고려 사항이 훨씬 더 중요하기 때문이다.

페트병과 금속 캔은 각각 더 많은 페트병과 금속 캔을 만드는 데 사용할 수 있다. 그런데 이 쓰레기들은 다른 쓰레기와 섞이면 안 된다. 보증금 제도로 원자재 회수 관리를 잘할 수 있다. 보증금을 활용하면 재활용의 효율이 높아지고 원자재 손실도 최대한 막을 수 있다. 수거된 단단한 페트병은 깨끗이 씻어 40회까지 다시 내용물을 채워 판매가 가능하다.

하지만 코카콜라 같은 다국적 청량음료 기업은 가능한 한 모든 방법을 동원해 보증금 제도 활용을 거부해왔다. 코카콜라는 독일에서 잘 운영되는 보증금 제도를 고의로 방해하기 위해 7000건이 넘는 소송을 걸었다. 보증금은 자신들이 행사할 수 있는 권리 중 단지 목적을 이루기 위한 수단일 뿐이지 목표는 아니라고 주장했다. 소비자에게 더 나은 정보를 제공하겠다는 대안도 내놓았다. 요점은 청량음료 생산업체는 소비자가 나중에 보증금을 돌려받는다고 해도 제품을 비싸 보이는 가격에 팔고 싶어 하지 않는 것이다. 그리고 슈퍼마켓은 추가 노동력과 여분의 공간이 필요한 문제 때문에 조심스러운 태도를 보인다.

병을 반환하고 돈을 받는 보증금뿐만 아니라 다른 방법도 있다. 베이징에는 지하철역처럼 공공장소에 5000여 개의 병 반환 기계가 있다. 병을 반환하면 돈이나 교통카드를 받을 수 있다. 돈은 재활용업계에서 병의 가치만큼 지불한다.

탄산음료 제조업자들은 물과 에너지 소비를 줄이거나 더 가벼운 페트병을 만들어 원자재를 줄이는 자신들의 환경적인 노력을 자랑스러워한다. 그러나 플라스틱 수프와 쓰레기 양산에 얼마나 큰 역할을 하는지는 거의 계산하지 않는다. 청소 비용은 주민들과 행정기관이 떠안는다. 게다가 플라스틱 수프를 해결하는 막대한 비용을 미래 세대가 지불해야 한다. 단기적인 이익과 주주들의 이익이 효과적으로 플라스틱 수프를 해결할 수 있는 전쟁을 막고 있는 셈이다. 또한 플라스틱 병에 보증금을 강요할 정도로 행정 당국이 강경하지 못한 경우가 많다.

↑ 보증금 제도가 도입된 나라에서는 병과 캔이 90퍼센트 넘게 회수된다. 지금까지 거의 40여 개국에서 진행된 결과다.

10

거센 흐름
바꾸기

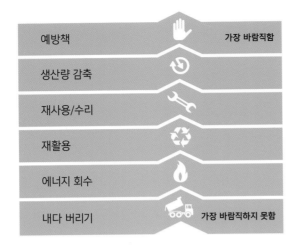

예방책	가장 바람직함
생산량 감축	
재사용/수리	
재활용	
에너지 회수	
내다 버리기	가장 바람직하지 못함

↑ 쓰레기를 처리하는 데는 좋은 방법과 나쁜 방법이 있다. 목록에서 가장 좋지 않은 방법인 내다 버리기는 세계적으로 가장 흔하게 일어난다.

줄이고, 다시 쓰고, 재활용하자

124

플라스틱 사용을 '줄이고Reduce, 다시 쓰고Reuse, 재활용하자Recycle'라는 세 가지 말의 머리글자를 따서 쓰레기를 줄이는 방법을 간편하게 3R이라고 쓴다. 이는 소비자에게 물건을 적게 사용하고 가능한 한 가진 물건을 다시 사용하고 재활용을 더 하도록 권장하는 표현이다. 3R 원칙은 쓰레기 처리 단계를 일컫는 말이기도 하다. 3R 원칙에는 우선순위가 있다. 쓰레기를 미리 만들지 않는 일을 가장 먼저 해야 하고, 우선순위도 가장 높다. 다음은 물건을 여러 번 사용한다. 재활용은 마지막 선택일 뿐이다. 플라스틱 수프를 막으려면 세 가지 원칙을 꼭 활용해야 하지만 그것만으로는 부족하다. 더 여러 항목을 고려해서 넣을 필요가 있고 또한 소비자만 이 일을 해야 하는 것도 아니다.

← 세계를 생각하고, 지역에서 행동하라. 지역에서 긍정적인 변화를 만들면, 설사 그것이 하나의 플라스틱 조각을 줍는 일이라 할지라도 여러분은 모두를 위해 더 나은 환경을 만드는 것이다.

거부하기Reject. 해로울 수 있는 플라스틱 물건을 사거나 받지 않는다. 여러분은 독립된 주체로서, 늘 선택할 수 있는 권리가 있다. 밀크셰이크를 먹을 때 플라스틱 빨대가 절대로 필요한 것은 아니다. 간편식을 사는 대신 요리를 하자. 여러분이 정말로 열심히 노력한다면 상당히 많은 플라스틱 없이도 살 수 있다. 특히 정부기관, 단체, 회사의 구매 정책은 아주 중요하다. 대량 구매자가 물품과 관련해서 필요한 조건을 요구하면 공급자는 변화할 것이다.

다시 디자인하기Redesign. 포장용 플라스틱은 근본적으로 다시 디자인해서 여러 번 사용하고 재활용하거나 퇴비로 만들 수 있어야 한다. 얼굴 스크럽과 치약의 플라스틱 연마제를 자연적인 성분으로 바꾼 경우가 그 사례다.

수리하기Repair. 수리하기 쉬운 물건을 만들거나 구매한다. 그러면 사용기간도 늘어난다. 스마트폰과 다른 전자 제품을 조립식으로 디자인하면 제품 전체를 바꿀 필요가 없이 결함이 있는 부분만 교체하면 된다. 중고 부품을 모아 다시 조립한 리퍼폰 같은 리퍼 제품이

그 첫 번째 단계다. 그것만으로도 쓰레기가 엄청나게 줄어든다.

교체하기Replace. 한 번만 쓰고 말 물건은 계속 사용할 수 있는 물건으로 교체한다. 사려고 하는 물건에 대한 적당한 대안이 있는지 스스로 질문해본다. 장바구니나 텀블러처럼 말이다.

회수하기Recover. 재활용이 불가능해 보이면 소각로에서 플라스틱을 태워 석유로 만들어 에너지를 회수하는 마지막 방법이 있다. 쓰레기의 계층 구조를 보면 알 수 있듯이 이 방법은 다른 어떤 방법도 가능하지 않을 때 사용해야 한다.

복구하기Restore. 다른 사람들이 버리고 간 쓰레기를 줍고 주변 환경을 복구하는 데 주도적인 역할을 한다. 일 년에 한 번 하는 행사에 참여하는 정도가 아니라 매일 등굣길이나 출근길에 플라스틱 쓰레기 치우는 일을 돕는다. 이런 방법은 예방 활동을 하는 것만큼이나 직접적인 효과가 있다. 사람들은 더러운 곳보다 깨끗한 곳에 쓰레기를 잘 버리지 않는다.

지금까지 플라스틱 수프를 해결하기 위해 대책을 마련했고, 그중 몇몇은 구속력도 있는 대책이었다. 모든 대책에는 기본 원칙이 있다. 규제, 국제 협약, 실행 계획에는 기본 원칙이 자주 언급된다. 가능한 한 최고의 기술을 사용해야 한다든가, 최신 과학 지식에 기반을 둔 계획이어야 한다든가, 아니면

참여국은 협력하여 건설적으로 일해야 하는 의무가 있다든가 하는 원칙들이 그 예이다. 일반적으로 수용되는 이 원칙들은 플라스틱 수프와의 전쟁에서 중요하다. 이러한 원칙들이 바람직한 대책을 뒷받침하는 논리가 된다.

주요 원칙

↓ 해변 청소를 자주 해도 플라스틱은 계속 물에 휩쓸려 온다. 플라스틱 생산을 줄이고 사용 방법을 바꾸어야만 도움이 된다.

많은 조약에서 언급하는 '지속 가능한 개발'의 원칙은 미래 세대에게 해를 끼치지 않는 경제적, 사회적 개발을 목표로 한다. 본질적으로 개발은 그에 따른 부담을 지게 될 지구 생태계의 역량에 달려 있다.

심각하고 돌이킬 수 없이 환경을 훼손할 가능성이 있다면, 과학적 증거가 불충분한 점을 규제나 대책을 지연시키는 쟁점으로 이용해서는 안 된다. 이것을 '사전예방 원칙'이라고 한다. 플라스틱 수프가 저절로 해소될 가능성은 적다. 플라스틱 수프를 해결하는 데 정말로 도움이 되는 것은 플라스틱이 자연에 많이 버려져 환경 훼손이 더욱 심각해지는 것을 예방하는 일이다. 사전예방 원칙은 또한 플라스틱 생산에 필요조건을 부과하는 데 적용된다. 필요조건에는 특정 화학첨가제나 재활용할 수 없는 플라스틱 생산 금지 조항을 포함할 수 있다.

'오염자 부담 원칙'은 환경을 오염시키는 사람이 오염에 대한 책임과 오염을 제거해 원래대로 되돌리는

일에 금전적으로 책임을 져야 한다는 내용이다. 오염자 부담 원칙을 적용하지 못한다면, 사회가 오염과 관련된 비용을 지불해야 한다. 환경 문제는 전형적으로 오염에 대한 책임이 대부분 공동체에 돌아가거나 후손들에게 남겨진다는 문제를 안고 있다.

나중에 나타날 부정적 결과에 대처하기보다 오염 문제를 근본부터 처리하는 것이 훨씬 효율적이다. 이것을 '원천 원칙'이라고 한다. 자연환경에 버려지는 플라스틱은 초반에 막아야지 일이 벌어지고 난 뒤 해변 청소 같은 것으로 해결하면 안 된다. 플라스틱 수프의 원인이 한 가지인 경우는 거의 없다. 플라스틱 수프의 원천은 수없이 많고 유형도 다양하고 여러 나라에 퍼져 있다. 그러나 원천 원칙은 각각의 쓰레기 유형에 따라 효율적으로 적용할 수 있다. 플라스틱 비닐봉지에 추가 부담금을 부과한다든가 위생용품에 미세플라스틱을 금지하는 식이다.

125

정부기관의 대응

바다의 플라스틱 수프에 대한 책임은 여러 나라 모두에 있다. 바다뿐만 아니라 육지에서도 플라스틱 쓰레기는 심각한 환경 훼손과 사회적 비용 증가와 관련이 있다. 플라스틱 수프와의 싸움에서 국가와 정부 당국의 역할은 중대하다. 그들만이 입법을 계획하고 규제를 강행할 수 있기 때문이다. 플라스틱 수프는 정부에겐 비교적 새로운 주제이고 곤란할 정도로 다각적인 문제를 함축하고 있다. 효과적인 대응책은 산업계의 협조 없이 불가능하지만, 기업은 지나치게 엄격하거나 별로 가치가 없는 사소한 대책이라도 즉각 거부할 것이다. 그러나 산업계에서 자발적으로 취했던 대책들은 효과가 너무나 보잘것없었다. 정부 당국은 아직도 그들이 자기 역할을 어떻게 해야 충실히 해낼 수 있는지 살펴만 보고 있다.

← 정부가 오염 원천의 수도꼭지를 잠가 주지 않는다면 자연에서 플라스틱을 깨끗이 치우려는 우리의 노력은 결코 지속되지 못할 것이다.

나라마다 헌법에는 환경을 보호하는 게 정부의 일이고 정부는 건강을 보호할 권리를 장려할 의무가 있다고 명시되어 있다. 플라스틱 수프 때문에 환경에 나타나는 부정적인 결과와 국민 건강에 대한 잠재적 위협은 정부가 예방적인 개입을 해야 할 이유로 충분하다. 플라스틱 수프의 마지막 사소한 부분까지 과학적으로 모두 입증되지 않았다고 해도 말이다.

국제 협약뿐만 아니라 자국 영토, 해안, 바다에 대한 관할권 덕분에 각 나라는 플라스틱 수프를 문제 삼을 수 있는 영향력을 가지고 있다. 하지만 다른 문제가 남아 있다. 물속에 있는 플라스틱을 지금까지 무해한 물질이라 여겼기 때문에 플라스틱 쓰레기라는 새로운 문제에 관한 대단히 중요한 입법화가 아직 진행되지 않고 있다는 점이다.

정부 당국이 재량껏 사용할 수 있는 방법이 몇 가지 있다. 추가 부담금을 부과하거나, 금지 규정을 두거나, 주어진 기한 내에 특정 물품을 시장에서 회수하는 계약을 한다든가, 벌금을 부과하고, 바람직한 방식에 보상하거나, 이웃 국가나 다른 나라와 협약을 체결하는 방법 등을 실시할 수 있다. 지금까지는 최악의 과잉 부작용을 처리하기 위해 몇 가지 조치만을 제한적으로 실시했다. 몇몇 국가가 무료 비닐봉지를 금지한 것이 그 예다.

플라스틱 쓰레기의 예방, 감소, 처리를 목적으로 하는 포괄적인 입법안이 도입되면 입법안의 기본 원칙에 근거해서 특별 규정의 세부 사항까지 정하기가 훨씬 쉽다. 다양한 문제의 원천에는 다양한 해결책이 필요한데, 그에 관련된 사람들에게서 필요한 지지를 얻어야 할 때 정부가 힘이 될 수 있다. 보증금 제도를 도입해 병이 아무렇게나 버려지지 않게 예방하는 것이 그런 사례이다.

정부 당국은 민간기업의 투명성에 혜택을 주는 규칙을 만들어 기업과 경쟁회사에 모두 규정을 이해시킬 수 있다. 그런 규정을 부가하겠다고 말하지 않는 정부의 신중한 과묵함이 사실 플라스틱 수프의 주요 원인이다.

→ 정부는 플라스틱 수프와의 전쟁에 사용할 무기가 있지만 지금까지 거의 사용하지 않고 있다.

보증금 제도 도입

얇은 플라스틱 비닐봉지 금지

완벽한 재활용

화장품에 미세플라스틱 첨가 금지

재사용 권장

플라스틱 종류의 단순화

포장재에 추가부담금 도입

정보 교육 프로그램 확대 실시

쓰레기 벌금 부과

혁신적이고 대안이 될 방법 권장

2015년 9월 유엔은 2030년까지 지속 가능 발전 목표Sustainable Development Goals(SDGs) 의제를 작성했다. 모든 회원국에 적용되는 이 의제에는 '지속 가능 발전 목표'로 알려진 목표 17개가 포함되어 있다. 유엔 회원국은 발전 목표를 국가 정책으로 만들어야 한다. SDGs는

최선의 노력을 다한다는 조건이기 때문에 법적 구속력은 없다. 국제 지속 가능 개발 안건은 2012년 리우데자네이루에서 열린 환경정상회의의 주요 성과다. SDGs의 열네 번째 목표는 바다와 대양, 수중 생물의 지속 가능한 관리이고, 플라스틱 수프와의 전쟁도 포함된다.

↑ 인간은 거대한 플라스틱 수프라는 문제를 만들었다. 인간만이 이 문제를 풀 수 있다.

→ 2017년 모든 나라가 해양 오염을 방지하는 데 더욱 노력하겠다고 약속했다.

세계적인 지속 가능한 목표

대양을 지속 가능하게 유지하는 것은 무엇보다 중요하다. 바다는 지구 표면의 3분의 2를 덮고 있으며 지구상 물의 97퍼센트를 차지한다. 30억이 넘는 사람들이 음식과 생계를 바다에 의지하고 있다. 대양은 생물학적 다양성을 담은 거대한 저장고이고 우리가 마시는 산소의 많은 양을 제공한다. 바다는 플라스틱 수프뿐만 아니라 심한 스트레스를 받고 있다. 과학자들은 바다 건강이 임계점에 도달할지 모른다는 불안감을 안고 있다. 만약 임계점에 도달하면 바다는 회복이 불가능하다.

열네 번째 지속 가능한 목표는 특히 오염의 원천인 육지에서 바다 오염을 예방하고 급격히 회복시키는 것이다. 바다 쓰레기의 80퍼센트가 육지에서 바로 온 것이라는 계산을 고려하면 깨끗한 물과 위생에 대한 협약도 적용할 수 있다. 여섯 번째 지속 가능한 목표는 마시는 물의 질도 향상되어야 한다고 명시하고 있다. 내륙의 수질 오염을 줄여야 하고 상당한 양의 물을 정화하여 안전하게 재사용해야 한다. 약정서의 한 항목은

특히 개발도상국을 돕기 위해 이런 분야의 국제 협력이 개선돼야 한다고 지적한다.

유엔환경계획의 계산에 따르면 플라스틱 수프를 해결하는 데 세계적으로 일 년에 적어도 130억 달러가 필요하다. 그러나 플라스틱 수프 처리 비용은 회사들의 연차 결산 보고서 어디에도 찾아볼 수 없다. 환경단체들은 플라스틱 오염 처리 비용이 떠넘겨지고 있으며, 기업이 플라스틱 사용에 책임을 져야 한다고 생각한다.

인간은 바다 없이 살아남을 수 없다. 지금으로서는 바다도 사람 없이 살 수 없다. 대양은 인간의 개입 없이 결코 다시 건강하게 회복될 수 없다. 현재 지속 가능한 세계적인 목표들이 바다의 문제를 해결하는 데 역할을 할 것이다. 그러나 안타깝게도 지속 가능한 목표들은 기대에 미치지 못하고 있다. 국제 협약이 구속력이 없다면 기존의 오염 발생 방식이 아무런 제재를 받지 않고 계속될 가능성이 크다.